Erwache!
Die Kunst, Du selbst zu sein

Mit positiver Psychologie Deine inneren Schätze entdecken und die Flamme in Dir entfachen

Michael Hascher

Michael Hascher

Erwache!
Die Kunst,
Du selbst
zu sein

*Mit positiver Psychologie Deine inneren Schätze
entdecken und die Flamme in Dir entfachen*

Für alle, die auf der Suche sind.

Das Werk ist urheberrechtlich geschützt. Jede Verwertung bedarf der ausdrücklichen Zustimmung des Verlags. Dies gilt insbesondere für die Vervielfältigung, Verwertung, Übersetzung und die Einspeicherung und Verarbeitung in elektronischen Systemen.

Bibliografische Information der Deutschen Nationalbibliothek.
Die Deutsche Nationalbibliothek verzeichnet diese Publikation in der Deutschen Nationalbibliografie; detaillierte bibliografische Daten sind im Internet über https://dnb.de abrufbar.

Impressum
Deutschsprachige Erstausgabe Oktober 2024
Copyright © 2024 Michael Hascher
Alle Rechte vorbehalten
Nachdruck, auch auszugsweise, nicht gestattet
Das Werk, einschließlich seiner Teile, ist urheberrechtlich geschützt. Jede Verwertung ist ohne Zustimmung des Verlages und des Autors unzulässig. Dies gilt insbesondere für die elektronische oder sonstige Vervielfältigung, Übersetzung, Verbreitung und öffentliche Zugänglichmachung.

Michael Hascher
4 Kingston Avenue, Victoria Road
T12W01T Cork City
Irland

Covergestaltung und Satz: Wolkenart – Marie-Katharina Becker, www.wolkenart.com
Lektorat: Lisa Feyertag
Korrektorat: rexeis.digital
Herstellung und Marketing: Sinaveria
1. Auflage

ISBN Taschenbuch: 978-3-9826633-0-2
ISBN Hardcover: 978-3-9826633-1-9

INHALT

Einleitung: meine Geschichte 7

Ein ernstes Wörtchen mit deinem Selbst 11
   Wer bist du und was willst du? 12
   Ziele sind gut, aber nur, wenn es die richtigen sind. 28
   Warum Integrität so entscheidend ist 41
   Was Aufopferungsbereitschaft bedeutet 54

Der Weg des wahren Selbst 65
   Schritt 1: Sammle Erfahrungen 71
   Schritt 2: Tritt einen Schritt zurück und halte inne 73
   Schritt 3: Nähere dich deinem wahren Selbst an 75
   Schritt 4: Erkenne deine tiefste Wahrheit 88
   Schritt 5: Formuliere deine Vision 92
   Schritt 6: Komm ins Handeln 94
   Schritt 7: Gehe diesen Weg kontinuierlich 97

Die fünf Pfeiler des wahren Selbst 102
   Leistung und Entspannung: Achtsam Grenzen setzen 115
   Beziehungen: Die Liebe zu dir selbst und zu anderen 121
   Gesundheit: Bewusste Selbstheilung 139
   Spiritualität: Die Kraft des Glaubens 144
   Materielle Sicherheit: Die Auflösung der Angst 152

Das wahre Selbst in der Praxis 165
   Wer du wirklich bist... 166
   ...Und wie du die Welt verändern kannst: Praktiziere Achtsamkeit
   durch bewusstes Denken, Fühlen und Handeln 166
   Erkenntnisse für dein Leben 181
   Selbstbestimmung, Glück, Erfolg 183

Eine Bitte an Dich 185

Dank 185

Quellen 186

Einleitung: meine Geschichte

Meine Schulzeit war voller Selbstzweifel. Der Tiefpunkt war erreicht, als ich am ersten April mit Thunfisch beworfen wurde. Nicht mit normalem Thunfisch, sondern mit solchem, der in reichlich Tomatensoße eingelegt ist. Man kann sich das Ergebnis so vorstellen: ein Teenager, von Kopf bis Fuß voll mit Öl, Thunfisch und Tomatensoße.

Was auf den ersten Blick wie ein lustiger Aprilscherz klingen mag, war alles andere als das. Es war Mobbing. Ich fühlte mich nicht nur so, als ob die Menschen in meinem Umfeld mich nicht mögen würden, sondern als ob ich nicht gut genug wäre, so wie ich bin.

Auf die seelischen Narben, die diese Erfahrung hinterließ, möchte ich nicht weiter eingehen. Auch wenn ich mich wertlos, verlassen und von einem Teil meiner Freunde verraten fühlte, hatte ich das Glück, meine Familie und andere Freunde zu haben, die hinter mir standen.

Nachdem die Person, die mich gemobbt hatte, sich schließlich entschuldigte, konnte ich langsam wieder Selbstvertrauen sammeln und nach vorne blicken. Scheinbar bekam ich mein Leben langsam wieder in den Griff. Ich tat das, was alle jungen Menschen tun – ging auf Partys, hatte Spaß und genoss das Leben.

Doch diese Erfahrung hatte einen Preis. Dieser sollte mir allerdings erst später bewusst werden. Statt meinen Schmerz richtig zu verarbeiten, verdrängte ich ihn. Ich nahm an, dass es nicht ausreichen würde, ich selbst zu sein. Es musste ja schließlich einen Grund für mein Leiden geben. Unbewusst machte ich mir diese Denkweise mehr und mehr zu eigen. Sie schien Sinn zu ergeben. Die logische Schlussfolgerung war, weniger ich selbst zu sein, und mehr so, wie ich glaubte, dass es den anderen gefiel.

Anfangs schien das zu funktionieren. Ich begann, ins Fitnessstudio zu gehen, und bekam Komplimente für meine Muskeln. Meine Noten in der Schule wurden besser und meine Eltern waren zufrieden. Ich wurde von meinen Klassenkameraden akzeptiert und war ein gern gesehener Partygast.

Dies führte dazu, dass mein Selbstvertrauen mehr und mehr wuchs. Allerdings basierte dieses Vertrauen nicht auf der Person, die ich wirklich war, sondern auf der Person, die ich glaubte, sein zu müssen. Mein wahres Selbst versteckte sich irgendwo unter einer Schicht, die ich geschaffen hatte, um mich zu schützen.

Anstatt mich auf die Suche nach meinem wahren Selbst zu begeben, verstärkte ich das von mir geschaffene Selbst. Ich setzte mich nicht damit auseinander, was ich wirklich nach dem Abitur tun wollte, sondern tat das, was scheinbar am einfachsten war: Ich folgte dem Weg, den ich schon kannte, und studierte BWL.

Auch wenn ich einen großen Teil meines wahren Selbst verleugnete, wurden mir bestimmte Teile auf meinem Weg bewusst. Nicht alles, was ich erschaffen hatte, schien unecht zu sein. Doch dies sollte ich erst später erkennen.

Was ich aber bereits während meines Studiums realisierte, war, dass der Weg, den ich eingeschlagen hatte, wohl kaum der richtige für mich sein konnte. Warum war er sonst mit so viel Schmerz verknüpft? Oder war ich selbst das Problem? Jemand, der aufgab, sobald es schwierig wurde.

Also machte ich trotz meines Schmerzes weiter. Allerdings nicht mit dem Ziel, später irgendetwas mit meinem BWL-Studium anzufangen, oder eine bestimmte wirtschaftliche Karriere einzuschlagen. Ich wollte ganz einfach herausfinden, wer ich wirklich war. Mein wahres Selbst machte sich bemerkbar. Lange Zeit hatte ich es erfolgreich versteckt, doch nun konnte ich es nicht länger unterdrücken - es versuchte, über den Schmerz mit mir zu kommunizieren.

Ich versuchte also herauszufinden, wer ich wirklich war und was ich eigentlich wollte. Doch anstatt mir Zeit zu nehmen und mich in dem Ausmaß mit meiner Vergangenheit und meiner Person zu befassen, wie es nötig gewesen wäre, wählte ich wieder eine einfache Lösung.

Ich suchte nach dem, was mir in meiner Kindheit und Jugend am meisten Spaß gemacht hatte. Etwas, für das ich eine echte Leidenschaft verspürt, aber nicht weiterverfolgt hatte.

Ich redete mir ein, auf mein wahres Selbst zu hören, tat dies aber nicht wirklich. Anstatt mich mit meinem Schmerz zu befassen, der mich sehr wahrscheinlich auf den richtigen Weg gebracht hätte, verschrieb ich mich viel zu schnell wieder einem Ziel. Die Erreichung dieses Ziels sollte mir die Erlösung aus meinem Leiden bringen.

Wie man sich denken kann, war mein Vorhaben von Anfang an zum Scheitern verurteilt. Anstatt mich selbst zu finden, folgte ich blind etwas, das nicht mit meinem wahren Selbst übereinstimmte. Dadurch hielt ich das künstliche Selbst, das ich erschaffen hatte, am Leben.

Ich musste diesen Fehler noch einige Male wiederholen, bis ich schließlich daraus lernte. Auf meinem Weg nahm ich an Kickbox-Wettkämpfen und Bodybuilding-Meisterschaften teil, produzierte ein Musikalbum und trat in einer Datingshow auf, die allerdings nie ausgestrahlt wurde. In Irland lernte ich, wie man verkauft – zuerst Kugelschreiber und später komplexe Software-Produkte. Mir wurde bewusst, wie wichtig Psychologie ist, wenn man sich selbst und andere Menschen besser verstehen will. Zeitgleich absolvierte ich einen MBA und entdeckte dabei meine Leidenschaft fürs Schreiben. Jahrelang jagte ich einer Frau hinterher, nur um zu merken, dass es nicht die Richtige war, nachdem ich mit ihr zusammengekommen war. Doch erst nach dieser Erfahrung war ich bereit, die Liebe meines Lebens zu finden.

Irgendwann erkannte ich, dass der Grund für mein Leiden von Anfang an nicht ich selbst war, sondern dass ich mich selbst verleugnete. Ich hatte Angst, ich selbst zu sein, wegen der Erfahrungen, die ich gemacht hatte.

Diese Erkenntnis und der damit verbundene Schmerz haben mich endgültig vor die Frage gestellt, wer ich wirklich bin. Endlich war ich bereit, mich der Beantwortung dieser Frage zu stellen und nicht länger vor ihr davonzulaufen. Heute glaube ich, eine Antwort gefunden zu haben. Doch nicht nur das. Ich habe erkannt, dass der einzige Weg, ein wirklich erfülltes Leben zu führen, darin besteht, man selbst zu sein. Wir müssen uns damit auseinandersetzen, wer wir wirklich sind, auch wenn dies schmerzhaft ist. Alles andere kommt einer Lüge gleich; einem Leben, das nur scheinbar echt ist.

Dies betrifft nicht nur das eigene Wohlbefinden, sondern alle Lebensbereiche: Beziehungen, Karriere, Gesundheit, Finanzen und vieles mehr. Wie soll eine Beziehung mit anderen Menschen glücken, wenn wir uns selbst nicht lieben? Wie sollen wir negative Gedanken stoppen, wenn unsere Ängste uns nicht bewusst sind? Wie sollen wir etwas oder jemanden loslassen, wenn wir nicht wissen, warum wir daran festhalten? Wie sollen wir uns selbst heilen, wenn uns nicht bewusst ist, dass wir ein Problem haben? Wie sollen wir die richtige Karriere wählen, wenn wir unsere Talente nicht kennen? Wie sollen wir unsere Finanzen planen, wenn uns nicht bewusst ist, wie viel Geld wir für ein gutes Leben benötigen? Wie sollen wir ein gutes Leben führen, wenn wir nicht wissen, was Glück für uns bedeutet?

Auf meiner Reise habe ich bemerkt, dass es nicht nur mir so geht. Viele Menschen wissen nicht, wer sie wirklich sind, und leiden deshalb. Manchen ist dies bewusst, andere wollen es sich nicht eingestehen. Wieder andere wollen es ändern, wissen aber nicht wie.

Aus diesem Grund habe ich dieses Buch geschrieben. Es soll dir vor Augen führen, warum es so schwer ist, man selbst zu sein, und warum es großen Mut erfordert, sich auf die Reise zu seinem wahren Selbst zu begeben. Es enthält außerdem eine konkrete Anleitung der Schritte, die du unternehmen kannst, um dich selbst zu finden. Gepaart mit den Erkenntnissen der positiven Psychologie soll dir dieses Buch helfen, deinem wahren Selbst näherzukommen und dein Leben auf die Art zu führen, die für dich die richtige ist.

Ein ernstes Wörtchen mit deinem Selbst

Wir alle streben nach Glück. Nur wissen wir häufig nicht, wie wir es erlangen sollen. Dieses Buch soll dir dabei helfen, dich selbst und das Leben besser zu verstehen. Du wirst entdecken, wie wichtig Selbsterkenntnis und die persönliche Philosophie für das psychische Wohlbefinden eines jeden Menschen sind. Dabei handelt es sich nicht nur um bloße Theorie. Vielmehr ist dieses Buch ein praxisorientierter Leitfaden für ein selbstbestimmtes, glückliches und nach deinen eigenen Maßstäben erfolgreiches Leben. Es soll dich dazu anregen, dich mit dir auseinanderzusetzen und dich auf die Reise zu deinem wahren Selbst zu begeben.

Die hier vorgestellte Philosophie basiert auf meinen persönlichen Erfahrungen sowie fundierten Erkenntnissen der Psychologie und Philosophie. Ich selbst und viele Menschen, die ein erfülltes Leben führen, wenden sie an, auch wenn sie es möglicherweise nicht wissen. Ein glückliches Leben zu führen ist kein Zufall. Vielmehr bist du es, der die Entscheidung dazu trifft. Es hat lange Zeit gebraucht, bis mir dies bewusst geworden ist. Manche Menschen erreichen dieses Bewusstsein nie.

Ich habe das Leid, das mit einem Leben abseits seines wahren Selbst einhergeht, am eigenen Leib erfahren. Dadurch habe ich erkannt, wie wichtig es ist, sich auf die Reise zu seinem wahren Selbst zu begeben, und welche ungemein positiven Folgen dies hat. Erst dieses Leid und daraufhin die Erfüllung eines Lebens im Einklang mit meinem wahren Selbst haben mich dazu motiviert, *Erwache! Die Kunst, du selbst zu sein* zu schreiben.

Jeder Mensch hat die Möglichkeit, ein selbstbestimmtes, glückliches und nach eigenen Maßstäben erfolgreiches Leben auf Basis seines wahren Selbst zu führen, dadurch sein volles Potenzial zu entfalten und die Welt zum Besseren zu verändern.

Dies ist meine Vision. Ich habe es mir zur Lebensaufgabe gemacht, diese so weit wie möglich zu realisieren. Die Ausrichtung meines eigenen Lebens an meiner Vision und das Veröffentlichen dieses Buches sind der erste Schritt dazu. Wenn du dich mit dieser Vision identifizieren kannst, wirst du garantiert von diesem Buch profitieren. Ich lade dich ein, dich auf die Reise zu deinem wahren Selbst zu begeben.

Wer bist du und was willst du?

Hast du dir diese Frage schon einmal gestellt? Vermutlich. Stell sie dir noch mal. Wie lautet deine Antwort? Welche Gefühle weckt sie in dir? Selbstvertrauen und Zuversicht oder Zweifel und Unsicherheit?

Für die meisten Menschen ist es ganz normal, sich bei der Frage nach dem, wer sie wirklich sind und was sie wollen, unsicher zu fühlen. Was, wenn ich dir sage, dass dieses Gefühl der Unsicherheit auf dein Selbst unbegründet ist? Was, wenn du nur nicht weißt, wer du wirklich bist und was du willst, weil du nie gelernt hast, es zu erkennen?

Das Streben nach Selbsterkenntnis und einem besseren Verständnis des Lebens ist ein Bedürfnis, das jedem Menschen innewohnt. Erst indem wir erkennen, wer wir wirklich sind, wird uns bewusst, was wir eigentlich wollen. Dieses Bewusstsein gibt uns Vertrauen, Sicherheit und Zuversicht. Viele Menschen wünschen sich solch ein Bewusstsein. Die wenigsten wissen jedoch, wie sie es erlangen können, und noch weniger sind bereit, den nötigen Weg zu gehen.

Was, wenn ich dir sage, dass das Beschreiten dieses Weges solch positive Auswirkungen auf dein Leben haben wird, dass du dich fragst, warum dir dieses Wissen nicht bereits in der Schule vermittelt wurde? Was, wenn ich dir außerdem sage, dass du keine besonderen Fähigkeiten benötigst, um diesen Weg zu gehen, sondern dass alles, was du dazu brauchst, bereits in dir vorhanden ist? Du musst lediglich die Entscheidung treffen, dich dafür zu öffnen und die Reise zu deinem wahren Selbst anzutreten.

Die Problematik der unbegrenzten Möglichkeiten und der fehlenden Selbsterkenntnis

Wir leben in einer unfassbar schnelllebigen und dynamischen Zeit, in der Informationen durch das Internet und Social Media mit unglaublicher Geschwindigkeit über die verschiedensten Kanäle transportiert werden. Es scheint unendliche Möglichkeiten zu geben und der Himmel ist förmlich die Grenze. Wir haben so gut wie keine Einschränkungen und die Medien vermitteln uns, dass wir alles erreichen können, wenn wir nur wollen. In der Schule und im Studium erlernen wir zwar die Fähigkeiten, um fachlich einen Beruf ausüben zu können, doch darüber, wie wir mit dieser schier unendlichen Fülle an Möglichkeiten umgehen sollen, wird uns so gut wie nichts beigebracht. Am Ende eines BWL- oder Medizinstudiums wissen wir vielleicht theoretisch, wie wir ein Unternehmen leiten oder gute Ärzte werden. Ob dies mit unserem Selbst übereinstimmt, unsere natürlichen Talente am besten zur Geltung bringt und uns erfüllt, erfahren wir häufig erst, wenn es zu spät ist. Darüber, wie wir gesunde Beziehungen eingehen, uns geistig und körperlich fit halten, eine förderliche innere Haltung entwickeln, richtig mit Geld umgehen, kurz ein gutes Leben führen, lernen wir enttäuschend wenig. Es wird quasi von uns erwartet, dass wir von vornherein schon ein klares Bild unseres Selbst haben oder zumindest, dass sich dieses im Laufe unserer Schul- und Studienzeit irgendwie von allein entwickelt. Dass dies nicht funktioniert, wird klar, wenn man einen Blick auf die Menschen wirft, die eine Midlife-Crisis bekommen, an einem Burnout erkranken oder an Depressionen leiden.

Laut einer Studie der Wirtschaftswissenschaftler David Blanchflower vom Dartmouth College und Andrew Oswald von der Universität Warwick auf Basis der Daten von zwei Millionen Menschen aus 80 Nationen ist die Krise in der Lebensmitte zwischen 40 und 50 Jahren ein globales Phänomen, das jeden trifft, unabhängig von Geschlecht, Regionalität oder sozialem Status. Spannend ist nicht nur, wie vielen Menschen es international ähnlich geht, sondern auch, dass die Midlife-Crisis seit Generationen konstant zu sein scheint (die Erhebungen fanden zwischen 1972 und 2006 statt). Auf Basis der Daten der Wissenschaftler hat die Stimmungskurve einen u-förmigen Verlauf. Die Menschen sind also am Anfang und Ende ihres Lebens am glücklichsten, während das Risiko für Depressionen bei einem Alter von 44 Jahren seinen traurigen Höhepunkt hat.

Ist dir die Midlife-Crisis noch ein Begriff, wirst du von der Quarterlife-Crisis möglicherweise noch nie gehört haben. Die Quarterlife-Crisis ist eine psychische Krise, die vor allem bei jungen Erwachsenen im Alter zwischen 21 und 29 Jahren auftritt. Sie ist gekennzeichnet von Unsicherheiten, Zweifel und Orientierungslosigkeit und betrifft vor allem gut ausgebildete Personen, die zum ersten Mal ins Berufsleben einsteigen. Der Begriff wurde 1997 in den USA in Analogie zur Midlife-Crisis geprägt und durch die Autorinnen Abby Wilner und Alexandra Robbins popularisiert. Im Gegensatz zur Midlife-Crisis ist die Quarterlife-Crisis kein kulturübergreifendes Phänomen, sondern tritt primär in modernen westlichen Staaten auf. Der Ausdruck "ich bin lost" ist wahrscheinlich die moderne Interpretation der Quarterlife-Crisis.

Doch nicht nur in der Midlife- oder Quarterlife-Crisis ist das Risiko für eine Depression überdurchschnittlich hoch. Laut einer Studie der DAK ist der Anstieg der Fehltage aufgrund psychischer Erkrankungen in Deutschland zwischen 2010 und 2020 um 56 % gestiegen.

Für das Phänomen der Midlife-Crisis gibt es verschiedene Erklärungen. Eine Theorie ist, dass Menschen in der zweiten Lebenshälfte lernen, sich an ihre Stärken und Schwächen anzupassen und ihre unerfüllbaren Lebensziele zu unterdrücken. Eine andere Hypothese besagt, dass glückliche Menschen generell länger leben und dass deshalb im späteren Lebensalter wieder ein stärkerer Anstieg der Stimmungskurve zu vermerken ist. Für die Quarterlife-Crisis ist das Gefühl des zu schnellen Erwachsenwerdens verantwortlich. Durch den Übergang von einer instabilen und offenen

Lebensstruktur in eine sesshafte, produktive Rolle werden junge Erwachsene mit Stress und Überforderung konfrontiert. Für die generelle Zunahme der Erkrankungen an Depressionen sind die allgemeine Steigerung und Beschleunigung im Berufs- sowie Privatleben ausschlaggebend.

Welche Schlussfolgerungen können wir daraus ziehen? Uns fehlen offensichtlich die nötigen Lebenskompetenzen, um mit den Anforderungen unserer Zeit Schritt zu halten. Nachdem wir mit der Schule, Ausbildung oder Universität fertig sind, wird von uns erwartet, dass wir bereit für das Leben sind, nur wird der Aspekt der Selbsterkenntnis in unserer Ausbildung fast gänzlich außen vorgelassen. Keiner bringt uns bei, wie wir erkennen, wer wir eigentlich sind und was wir wirklich wollen. Wir lernen lediglich die fachlichen Kompetenzen für einen Beruf oder bekommen die Idee für einen potenziellen Lebensstil. Doch wer sagt, dass dieser Beruf oder Lifestyle mit unserem Selbst übereinstimmt? Diese Argumentation scheint durch die Midlife-Crisis bestätigt zu werden, oder warum werden Menschen in der zweiten Lebenshälfte, die auf Basis ihrer Lebenserfahrung eigentlich mit beiden Beinen fest im Leben stehen sollten, plötzlich geplagt von Unsicherheit, Zweifeln und Depressionen? Die Quarterlife-Crisis lässt ähnliche Schlüsse für junge Erwachsene nach der Ausbildung oder dem Studium zu. Auch der generelle Anstieg von Depressionen aufgrund einer allgemeinen Steigerung und Beschleunigung des Lebens deutet darauf hin, dass wir nicht die nötigen Kompetenzen besitzen, um mit dem modernen Leben fertig zu werden, geschweige denn, es adäquat leben zu können.

Mir ging es nach meinem Studium ähnlich und auch in meinem privaten Umfeld konnte ich ähnliche Fälle beobachten - Freunde, die jahrelang aufgrund einer fehlenden Perspektive nicht arbeitsfähig waren, Bekannte, die nach dem plötzlichen Verlust des scheinbar wichtigsten Lebensziels nicht weiterwussten oder Eltern von Freunden, die sich nach jahrelanger Ehe scheiden ließen, weil sie plötzlich das Gefühl hatten, etwas im Leben verpasst zu haben. Nun könnte man argumentieren, dass dies ganz normal, ja ein natürlicher Prozess sei. Wenn ich auch der Meinung bin, dass manche Fehler gemacht werden müssen, um wirklich daraus zu lernen, und manche Prozesse nicht beschleunigt werden können, habe ich hinsichtlich dieser Thematik eine andere Meinung. Es wird Zeit, dass wir frühzeitig lernen, uns mit uns selbst auseinanderzusetzen und unser wahres Selbst zu erkennen. Ich möchte damit dem natürlichen Prozess der Persönlichkeitsentwicklung keineswegs vorgreifen oder behaupten, dass wir uns im Laufe unseres Lebens nicht verändern. Ich glaube lediglich, dass wir durch Selbsterkenntnis unnötig lange Phasen des Schmerzes, der Unsicherheit und des Zweifelns vermeiden und uns besser auf das moderne Leben vorbereiten können. Indem wir unser wahres Selbst so früh wie möglich erkennen, kommen wir einem selbstbestimmten, glücklichen und nach eigenen Maßstäben erfolgreichen Leben einen großen Schritt näher.

Man kann nicht wirklich wissen, wo man hinwill, wenn man nicht weiß, wo man herkommt

„Wir alle suchten außerhalb unserer Selbst nach den fehlenden Puzzleteilen – und schauten dabei ohne Ausnahme in die falsche Richtung. Anstatt uns selbst zu finden, verloren wir das Gefühl für unser Selbst." Das sind die Worte des amerikanischen Autors Neil Strauss am Ende seines autobiografischen Romans Die perfekte Masche. Strauss wurde nach seinem Studium Kulturreporter bei der New York Times und bewegte sich von da an in einer Welt der Privilegierten. Er ging mit Marilyn Manson und Mötley Crüe auf Tour, schrieb Bücher über sie und Stars wie Curt Cobain, Madonna, Tom Cruise oder Orlando Bloom. Obwohl er in seiner Karriere erfolgreich war, hatte sein Leben aus seiner Sicht ein großes Manko: Er hatte einfach keinen Erfolg bei Frauen. In seiner Highschool- und College-Zeit war er ziemlich unsicher was Frauen anging. Sie schüchterten ihn ein. Selbst in seiner Zeit als Kulturreporter bei der New York Times, ausgestattet mit all den Backstage-Ausweisen, brachte er es nicht auf einen einzigen Kuss, außer von Tommy Lee. Er gab die Hoffnung beinahe auf und ging davon aus, dass manche Männer einfach das gewisse Etwas hatten und andere nicht. Doch dann tat sich ihm eine neue Welt auf. Er entdeckte eine bis dahin kaum bekannte Underground Community aus sogenannten Pickup-Artists. Männer, die behaupteten, den Schlüssel zum Herz einer jeden Frau zu haben - und solchen, die in ihre Geheimnisse eingeweiht werden wollten. Von da an las Strauss jeden Beitrag in der Community, verschlang Bücher zum Thema Verführung, vernetzte sich mit den größten Pick-Up Artists und ließ sich von ihnen coachen, bis er schließlich selbst zu den besten Aufreißern der Community zählte und Hunderte von Frauen verführt hatte. Obwohl er damit sein scheinbar größtes Ziel erreicht hatte, zog er am Ende seiner Autobiografie einen Schluss, der zum Nachdenken anregt: "Wir alle suchten außerhalb unserer Selbst nach den fehlenden Puzzleteilen - und schauten dabei ohne Ausnahme in die falsche Richtung. Anstatt uns selbst zu finden, verloren wir das Gefühl für unser Selbst."

Strauss ging es wie so vielen von uns: Er hatte in seiner Jugend etwas verpasst und jagte seitdem einem Ziel hinterher, das ihm wie der Heilige Gral vorkam - dem Versprechen von Selbstbestimmung, Glück und Erfolg durch das Meistern der Kunst der Verführung. Doch als er sein Ziel erreichte, bemerkte er, dass es ihn nicht erfüllte. Er hatte die ganze Zeit außerhalb seines Selbst nach den fehlenden Puzzleteilen gesucht, nur um am Ende seiner Reise festzustellen, dass er in die falsche Richtung gegangen war. Anstatt sich selbst zu finden, hatte er das Gefühl für sein Selbst verloren.

Der entscheidende Fehler, den Strauss gemacht hat, ist einer, der uns allen ständig unterläuft. Wir haben im Laufe unseres Lebens scheinbar etwas verpasst, sei es in der Kindheit, Jugend oder auch im frühen Erwachsenenalter. Irgendwann bemerken wir, dass uns dieses Gefühl der verpassten Gelegenheiten einholt und wir stellen uns die Frage: Was wäre wenn? Weil wir uns selbst nicht wirklich kennen und deshalb nie gelernt haben, unsere wahren Bedürfnisse zu verstehen, kommt uns das, was wir scheinbar verpasst haben, unglaublich reizvoll vor. Wir idealisieren diese Vorstellung und setzen alles daran, sie Realität werden zu lassen oder wir resignieren mit dem Gedanken, dass es nun ja zu spät ist und werden verbittert. Dabei bemerken wir nicht, dass es sich bei diesem Ideal häufig um ein Fantasiegebilde handelt. Weil wir unser wahres Selbst nicht kennen, jagen wir einem falschen Gott hinterher, statt innezuhalten und bewusst zu hinterfragen, ob dieses scheinbar so verlockende Ideal tatsächlich mit unserem Selbst übereinstimmt. In einer Zeit der scheinbar unbegrenzten Möglichkeiten, ständiger Ablenkungen und Verlockungen ist es umso wichtiger zu wissen, wer wir sind und was wir wirklich wollen. Sonst laufen wir Gefahr, ständig falschen Göttern hinterherzulaufen, Sachen zu kaufen, die wir nicht brauchen und Dinge zu tun, die uns nicht erfüllen. Um den Prozess der Selbsterkenntnis zu durchlaufen, ist es nie zu spät. Je früher wir uns jedoch auf die Reise zu unserem wahren Selbst begeben, desto mehr Leid ersparen wir uns im Lauf unseres Lebens. Es ist wichtig, Erfahrungen und Fehler zu machen, denn nur so lernen wir. Doch was nützt es uns, jahrelang einem scheinbaren Ideal hinterherzujagen, nur um am Ende unseres Lebens zu bemerken, dass wir die ganze Zeit in die falsche Richtung gegangen sind?

Stephen R. Covey hat diese Problematik in seinem Buch Die 7 Wege zur Effektivität - Prinzipien für persönlichen und beruflichen Erfolg bereits vor Jahren erkannt. Bei seiner Recherche der Populärpsychologie und Selbsthilfe las er Hunderte Bücher zu diesen Themen und entdeckte einen gefährlichen Trend. Die jüngere Erfolgsliteratur der letzten 50 Jahre war oberflächlich und konzentrierte sich viel zu sehr auf einfache Techniken, die schnellen Erfolg oder temporäre Lösungen für schwerwiegende Probleme versprachen - Wie Aspirin, das den Schmerz kurzfristig stillt, aber das tieferliegende Problem unberührt lässt oder eine Droge, die kurzzeitige Euphorie verschafft, aber nicht hilft, die eigentliche Leere im Leben zu beseitigen. Die ältere Erfolgsliteratur der vorangegangenen 150 Jahre hingegen konzentrierte sich vielmehr auf den Charakter eines Menschen, auf Eigenschaften und Werte wie Integrität, Moral, Demut, Geduld, Mut oder Gerechtigkeit - Prinzipien, die ein selbstbestimmtes Leben, anhaltende Zufriedenheit und nachhaltigen Erfolg ermöglichen. Es geht also im ersten Schritt nicht darum, etwas im Außen zu suchen - ein vermeintliches Ziel oder eine Technik für scheinbar schnellen Erfolg - sondern darum, unser Inneres zu erforschen. Erst auf dieser Grundlage erkennen wir unser wahres Selbst und können uns so die richtigen Ziele setzen.

In den 25 Jahren, in denen Covey mit Menschen aus der Wirtschaft, an Universitäten oder bezüglich Familienangelegenheiten zusammengearbeitet hat, begegnete er zahlreichen Personen, die von außen betrachtet enorm erfolgreich waren, jedoch im Inneren zerbrochen schienen. Ihr Selbst schien nicht mit dem übereinzustimmen, was sie nach außen hin verkörperten. Sie hatten Probleme, gesunde, langfristige Beziehungen zu führen und sehnten sich nach innerer Ausgeglichenheit. Ähnliches konnte ich in meinem privaten und beruflichen Umfeld bei Freunden, Kollegen und Kunden beobachten:

A: "Ich habe meine beruflichen Ziele erreicht, bin erfolgreich und verdiene viel Geld. Dies hat mich jedoch meine Beziehung und mein Privatleben gekostet. Meine Partnerin hat mich verlassen und meine Freunde sehe ich seit langem so gut wie gar nicht mehr. Inzwischen frage ich mich, ob es das wert war."

B: "Ich wollte unbedingt mein Jurastudium abschließen und Anwältin werden. Jahrelang habe ich hart dafür gearbeitet, Nebenjobs gemacht, um mich zu finanzieren und bin irgendwie mit dem ganzen Druck klargekommen. Doch irgendwann hat es mich nicht mehr so erfüllt, wie ursprünglich gedacht. Den anderen Studenten schien das viele Lernen außerdem so viel leichter zu fallen als mir. Als ich im zweiten Staatsexamen schließlich durchfiel, war der Traum für mich vorbei. Seitdem fühle ich mich leer und antriebslos, aber irgendwie auch erleichtert. Ich weiß nicht, was ich jetzt mit meinem Leben anfangen soll."

C: "Ich bin seit Jahren mit meinem Freund zusammen und eigentlich läuft auch alles ganz gut, aber ich frage mich, ob es da nicht noch mehr gibt. Ich dachte immer, eine langfristige Beziehung ist das, was ich will, aber inzwischen bin ich mir da nicht mehr so sicher. Er ist mein erster Freund und ich habe das Gefühl, dass ich etwas verpasst habe, vor allem, wenn meine Freundinnen von ihren Abenteuern mit Männern auf Reisen oder Partys erzählen. Ständig denke ich an all die Möglichkeiten, die ich ohne ihn hätte. Soll ich deshalb Schluss machen? Aber was, wenn er die Liebe meines Lebens ist und ich das nur nicht erkenne? Ich weiß wirklich nicht, was ich machen soll."

D: "Ich bin enorm beschäftigt. Wenn ich nicht gerade arbeite, unternehme ich etwas mit Freunden, gehe auf Reisen oder trainiere im Fitnessstudio. Eigentlich habe ich kaum eine freie Minute für mich. Oft fühle ich mich müde und ausgelaugt. Manchmal frage ich mich, warum ich mir ständig so viel aufbürde. Es zwingt mich ja keiner. Ich kann schlecht schlafen und habe das Gefühl, als würde ich vor etwas davonlaufen, so als würde ich jede freie Minute ausfüllen, nur um mich nicht mit mir selbst beschäftigen zu müssen. Wenn ich mal Zeit habe, plane ich meistens schon etwas Neues. Ich habe das Gefühl, langsam auszubrennen, schaffe es aber nicht, mal eine Pause zu machen und mein Leben zu ändern."

E: "Ich habe mich schon in drei verschiedenen Fitnessstudios angemeldet. Ich möchte wirklich in Form kommen, Muskeln aufbauen und etwas Fett verlieren, aber ich schaffe es einfach nicht, dranzubleiben. Am Anfang bin ich immer hoch motiviert, trainiere für einige Wochen, manchmal sogar über Monate vier oder fünf Mal pro Woche, aber irgendwann verlässt mich meine Motivation. Dann gehe ich Monate lang gar nicht mehr, die Muskeln, die ich aufgebaut habe, verschwinden und ich nehme wieder zu. Ich schaffe es einfach nicht, mich aufzuraffen und das Training konsequent durchzuziehen."

F: "Alle meine Freunde sind erfolgreich in dem, was sie tun, nur bei mir geht es irgendwie nicht voran. Ich gebe mir wirklich Mühe, mich für sie zu freuen. Insgeheim bin ich aber neidisch auf sie. Ich hasse sie dafür, dass es ihnen so gut geht und nur bei mir immer alles schiefläuft. Was habe ich getan, dass mir das Leben solche Steine in den Weg legt? Habe ich in einem früheren Leben etwas verbrochen, um nun so bestraft zu werden? Ich habe das Gefühl, dass ich langsam verbittert werde. Irgendwie weiß ich auch, dass meine negative Einstellung der Grund dafür sein könnte, dass ich nicht vorankomme. Ich weiß aber wirklich nicht, wie ich mich ändern soll."

Diese Probleme von Menschen aus dem echten Leben haben eines gemeinsam: Sie resultieren aus der fehlenden Erkenntnis ihres wahren Selbst. Zudem werden häufig andere Personen oder äußere Umstände für das eigene Unglück verantwortlich gemacht. Wenn wir langfristige Lösungen für unsere Probleme finden möchten, führt kein Weg daran vorbei, uns mit uns selbst auseinanderzusetzen - Wir müssen uns auf die Reise zu unserem wahren Selbst begeben. Erst wenn wir unser wahres Selbst besser verstehen, können wir uns auf dieser Grundlage die richtigen Ziele setzen und versuchen, sie durch entsprechendes Handeln zu erreichen. Dieser Ansatz erfordert im Gegensatz zu einer kurzfristigen, oberflächlichen Lösung viel Zeit und Arbeit, verspricht dafür aber wahrhaftige Selbstbestimmung, langfristige Zufriedenheit und nachhaltigen Erfolg. Um die Reise zu unserem wahren Selbst antreten zu können, müssen wir uns bewusst machen, dass wir es sind, die die Entscheidung hierfür treffen. Wir sind keine Marionetten, die ausschließlich von externen Reizen beeinflusst werden. Es liegt in unserer Macht zu entscheiden, wie wir darauf reagieren. Wie wichtig die Erkenntnis, oder vielmehr der Glaube an die Entscheidungsfreiheit für ein selbstbestimmtes Leben ist, betrachten wir im nächsten Kapitel.

Vom Holzfäller, der zu beschäftigt war, seine Axt zu wetzen: Die Freiheit der Entscheidung

Vor langer Zeit lebte ein Holzfäller, der auf der Suche nach Arbeit war. Er bewarb sich also bei einer Holzgesellschaft. Der Holzfäller bekam die Stelle und weil das Gehalt und die Arbeitsbedingungen überdurchschnittlich gut waren, wollte er gleich zu Anfang einen guten Eindruck hinterlassen. Am ersten Tag war er vor allen anderen da und meldete sich beim Vorarbeiter, der ihm eine Axt gab und ihm seinen Bereich im Wald zuwies. Begeistert machte sich der Holzfäller an die Arbeit. An einem einzigen Tag fällte er achtzehn Bäume - mehr als alle anderen. Der Vorarbeiter beglückwünschte ihn und klopfte ihm anerkennend auf die Schulter. Davon angestachelt beschloss der Holzfäller, das Ergebnis seiner Arbeit am nächsten Tag noch zu übertreffen. Also ging er früh zu Bett.

Am nächsten Morgen stand er wieder hoch motiviert vor allen anderen auf und ging in den Wald. Doch obwohl er sich wirklich ins Zeug legte, sein Ergebnis vom Vortag zu übertreffen, gelang es ihm trotz aller Anstrengung nicht, mehr als fünfzehn Bäume zu fällen. Er kam zu dem Schluss, dass er müde sein müsse und beschloss, gleich nach Sonnenuntergang schlafen zu gehen.

Der dritte Arbeitstag brach an und der Holzfäller erwachte, bevor die Sonne aufging, mit dem festen Entschluss, heute seine Marke von achtzehn Bäumen zu übertreffen. Doch trotz aller Anstrengungen schaffte er nur weniger als die Hälfte.

Dies motivierte den Holzfäller nur noch mehr, da er die Marke von achtzehn Bäumen ja bereits geknackt hatte. Dennoch fällte er am nächsten Tag nur fünf Bäume. Seinen fünften und letzten Arbeitstag der ersten Woche verbrachte er fast vollständig damit, einen zweiten Baum zu fällen.

In Sorge darüber, was wohl der Vorarbeiter dazu sagen würde, trat der Holzfäller vor ihn hin und erzählte, was passiert war. Er schwor bei seiner Mutter, dass er bis zum Umfallen geschuftet hatte.

Der Vorarbeiter fragte ihn, wann er denn das letzte Mal seine Axt geschärft hätte. Der Holzfäller erwiderte, dass er dazu keine Zeit gehabt habe, weil er zu sehr damit beschäftigt gewesen war, Bäume zu fällen.

Wie dem Holzfäller aus der Fabel geht es heutzutage so vielen von uns. Wir glauben, keine Zeit zu haben, um innezuhalten und uns mit uns selbst auseinanderzusetzen, bevor wir wieder ins Tun kommen und unsere Ziele weiterverfolgen. In der modernen Welt ist es tatsächlich deutlich schwieriger, sich Zeit für die Selbsterkenntnis zu nehmen, als noch vor einigen Jahrzehnten oder Jahrhunderten. Heute ist die Flut an externen Reizen und Informationen wesentlich größer, was das Innehalten noch erschwert. Der Holzfäller hatte nur einen externen Reiz: Den Auftrag, Bäume zu fällen.

Aufgrund der Fülle an externen Reizen ist die Fähigkeit, innezuhalten und sich Zeit zur Selbsterkenntnis zu nehmen, heute wichtiger denn je.

Wie die Menschen in der modernen Welt hatte der Holzfäller in der Fabel jederzeit die Möglichkeit, dies zu tun. Doch er tat es nicht, weil ihm die Relevanz der Selbsterkenntnis nicht bewusst war und er deshalb dachte, er sei zu beschäftigt dafür. Genauso geht es vielen Menschen heutzutage. Sinnkrisen, Depressionen, Unzufriedenheit, Burn-out, Beziehungsprobleme, innere Zerrissenheit, Abstumpfung oder Resignation sind die Folgen, wenn wir uns nicht die Zeit nehmen, unser wahres Selbst zu erkunden. Dass wir selbst unter den schwierigsten Umständen entscheiden können, wie wir auf äußere Reize reagieren, zeigt die Geschichte von Viktor Frankl.

Viktor Frankl war ein jüdischer Psychiater, der nach der Tradition der Freud´schen Psychologie erzogen wurde, nach der das, was einem Menschen als Kind passiert, seinen Charakter sowie seine Persönlichkeit formt und somit sein ganzes Leben bestimmt. Weil Frankl Jude war, wurde er im Zweiten Weltkrieg von den Nazis in einem Konzentrationslager eingesperrt. Er erlebte dort Dinge, die so unmenschlich und grausam waren, dass wir heute nur sehr ungern darüber sprechen. Seine Eltern, sein Bruder und seine Frau starben im Konzentrationslager. Mit Ausnahme seiner Schwester wurde seine gesamte Familie getötet. Frankl selbst wurde gefoltert und auf unmenschlichste Art und Weise gedemütigt. Er wusste nie, ob er den nächsten Tag noch erleben würde oder nicht.

Eines Tages, nackt und allein in einer kleinen Zelle, wurde er sich dessen bewusst, was er später als "die letzte der menschlichen Freiheiten" bezeichnete - die Freiheit, die die Nazis ihm nicht nehmen konnten. Sie konnten ihn einsperren, seine Umgebung kontrollieren und ihn foltern, dennoch war Frankl ein Individuum, das sich seiner Selbst bewusst war und deshalb als Beobachter seiner Beteiligung am Geschehen agieren konnte. Seine eigentliche Identität war intakt. Er selbst konnte entscheiden, wie er auf die externen Reize reagierte. Zwischen dem, was ihm passierte beziehungsweise den externen Reizen und seiner Reaktion darauf lag seine Freiheit zu entscheiden, wie er reagieren würde.

Während er diese unmenschliche Folter und Demütigung erlitt, versetzte Frankl sich mental in positive Szenarien, indem er sich beispielsweise vorstellte, wie er nach seiner Befreiung aus dem Konzentrationslager Vorlesungen für seine Studenten hielt. Er stellte sich vor, wie er seinen Studenten die Lehren beibrachte, die er aus seiner Zeit im Konzentrationslager zog, während er gefoltert wurde. Durch seine mentale, emotionale und moralische Disziplin vergrößerte Frankl seine innere Freiheit mehr und mehr, bis er mental und emotional freier war als die Nazis, die ihn gefangen hielten. Sie hatten zwar mehr externe Freiheiten - mehr Möglichkeiten, die sie aufgrund ihrer Freiheit in Bezug auf ihr Umfeld hatten - doch Frankl hatte eine größere innere Freiheit - mehr Möglichkeiten, wie er auf externe Reize reagieren konnte. Er wurde zu einer Inspiration für seine Mitgefangenen, sogar für manche Nazis, und half den Menschen in seinem Umfeld, einen Sinn in ihrem Leiden und Würde in ihrem Schicksal als Gefangene zu finden. Inmitten der schlimmsten und erniedrigensten Umstände, die man sich vorstellen kann, nutzte Frankl die essenzielle menschliche Fähigkeit der Selbsterkenntnis, um eines der wichtigsten Prinzipien der menschlichen Natur zu erkennen: Der Mensch hat die Freiheit zu entscheiden, wie er auf externe Reize reagiert.

Frankl hat dies unter den grausamsten, stressigsten Umständen, die man sich vorstellen kann, erkannt und aktiv angewandt. Demnach sollten wir die Relevanz dieser Einsicht anerkennen und in unser Leben implementieren. Dadurch erlangen wir die Fähigkeit, innezuhalten und uns die Zeit für Selbsterkenntnis zu nehmen, selbst wenn zahlreiche externe Reize auf uns einwirken. Dies bedeutet nicht, dass wir uns gänzlich zurückziehen oder aufhören sollten, am gesellschaftlichen Leben teilzunehmen. Es heißt lediglich, dass es sinnvoll ist, sich die Zeit zu nehmen, die man benötigt, um sein wahres Selbst zu erkunden.

Die Freiheit der Entscheidung

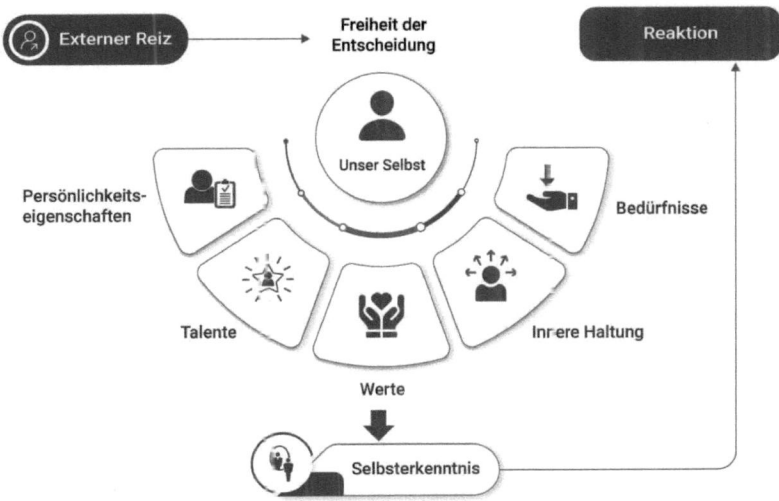

Tun wir dies nicht, berauben wir uns der Freiheit zu entscheiden, auf externe Reize adäquat zu reagieren. Genau diese Freiheit ist es jedoch, die es uns ermöglicht, die Reise zu unserem wahren Selbst anzutreten. Dies ist die Grundlage für Selbstbestimmung, Glück und Erfolg. Verschließen wir uns dieser Erkenntnis, laufen wir Gefahr, dass uns das Schicksal der Personen ereilt, die wir im vorangehenden Kapitel betrachtet haben.

Jedem Menschen stehen verschiedene Lebenswege zur Auswahl. Es gibt jedoch nur einen, der am besten zu uns passt. Dies ist der Weg des wahren Selbst. Es liegt in unserer Macht, zu entscheiden, ob wir diesem Weg folgen oder uns ihm verschließen.

Erkenntnisse nützen nichts, wenn sie nicht umgesetzt werden.

"Wie kann man sich selbst kennenlernen? Durch Betrachten niemals, wohl aber durch Handeln. Versuche, deine Pflicht zu tun, und du weißt gleich, was an dir ist!" Dieses Zitat von Johann Wolfgang von Goethe scheint der hier vorgestellten Idee des Innehaltens und der Selbsterkenntnis auf den ersten Blick zu widersprechen. Werfen wir zudem nochmals einen Blick auf Neil Strauss, den amerikanischen Autor, der erst am Ende seiner Reise erkannte, dass er in die falsche Richtung gegangen war und dabei das Gefühl für sein Selbst verloren hatte. Strauss wusste nicht, dass ein Meister der Verführung zu werden, ihn nicht erfüllen würde, bevor er diesen Weg nicht gegangen war. Häufig ist es so, dass wir nicht wissen, wer wir sind oder was wir wollen, bevor wir bestimmte Erfahrungen gemacht haben. Es ist sogar essenziell, dass wir viele verschiedene Erfahrungen machen, um unser wahres Selbst kennenzulernen. Ich möchte deshalb hervorheben, dass Innehalten und Selbsterkenntnis nicht gleichzusetzen sind mit einer bloßen Betrachtung des Selbst, ohne daraus praktische Schlüsse für sein Handeln zu ziehen. Es bedeutet auch nicht, sich dem Leben zu verschließen oder schlechte Erfahrungen um jeden Preis zu vermeiden. Die Idee der Selbsterkenntnis, wie ich sie hier vorstelle, bedeutet, dass wir sehr wohl Erfahrungen sammeln sollen, gute und schlechte, so vielfältig wie möglich. Es ist jedoch essenziell, diese Erfahrungen zu verarbeiten, zu beobachten, wie sie sich auf unser Selbst auswirken und welche praktischen Schlüsse wir daraus ableiten können. Für diese Erkenntnis benötigen wir Zeit. Wie wir unsere Schlüsse ziehen, kann auf vielfältige Weise geschehen - beim Meditieren, durch das Schreiben eines Tagebuchs, im Dialog mit einem Freund, beim Lesen eines Buchs oder beim Nachdenken während eines Spaziergangs. Wichtig ist nur, dass wir uns die Zeit nehmen, innezuhalten und uns mit unseren Erlebnissen bewusst auseinanderzusetzen, statt kopflos der nächsten Erfahrung hinterherzurennen. Der Erkenntnis unseres wahren Selbst kommen wir am ehesten durch eine Kombination dieser Schritte näher: Erfahrungen sammeln, Innehalten, Selbsterkenntnis, Anwenden der Erkenntnisse.

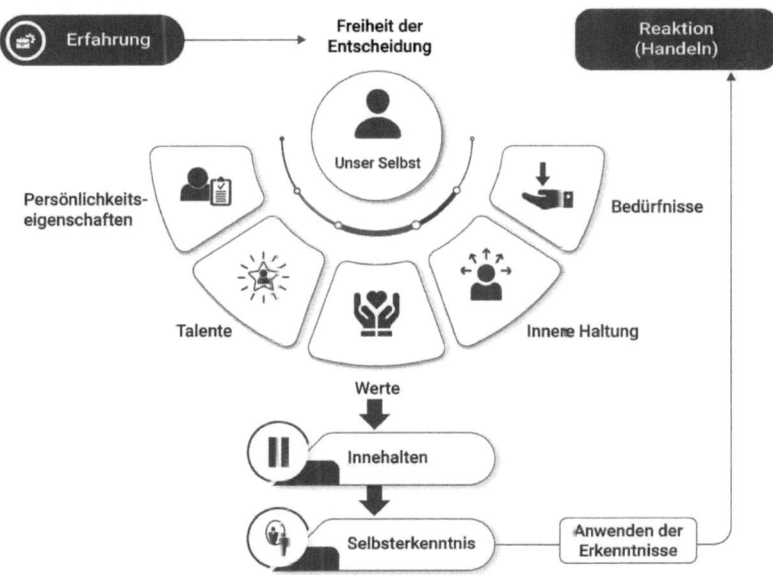

Erkenntnisse für dein Leben

Durch den Prozess der Selbsterkenntnis findest du heraus, wer du wirklich bist und was du willst. Statt immer gleich deinem ersten Impuls nachzugeben und kopflos von einer in die nächste Erfahrung zu springen, gehst du zielgerichtet vor und tust das, was auf Basis deiner persönlichen Selbsterkenntnis das Beste für dich ist. So vermeidest du unnötige Irrwege und lernst langsam, aber sicher, gute Möglichkeiten von schlechten zu unterscheiden. Man kann es mit den Brotkrumen aus Hänsel und Gretel vergleichen, die die Kinder zum Haus der Hexe führen: Das Leben wird dich immer wieder vor die Wahl stellen. Durch den Prozess der Selbsterkenntnis wirst du jedoch stetig besser darin zu erkennen, welche Brotkrumen es sich aufzuheben lohnt und welche du besser liegen lässt. Deine Selbsterkenntnis gründet sich jedoch nicht auf bloßer Theorie oder der reinen Beschäftigung mit dir selbst. Sie basiert auf deinen persönlichen Erfahrungen in der Interaktion mit deiner Umwelt sowie der bewussten Verarbeitung dieser Erfahrungen und der Anwendung deiner Erkenntnisse auf dein künftiges Handeln. So wirst du ein geschickter Beobachter deines Selbst und deiner

Umwelt und kannst dein eigenes Erleben und Verhalten sowie das deiner Mitmenschen besser interpretieren. Du lernst deine wahren Bedürfnisse kennen und triffst auf dieser Grundlage bessere Entscheidungen, die dich dem, der du wirklich bist und was du tatsächlich willst, langfristig näherbringen.

Dir ist außerdem bewusst, dass dein Selbst nicht statisch ist, sondern sich im Laufe deines Lebens verändert. Deshalb weißt du, dass wahre Selbsterkenntnis niemals vollständig abgeschlossen werden kann, sondern ein kontinuierlicher Prozess ist. Du durchläufst diesen Prozess fortwährend und prüfst in regelmäßigen Abständen, ob dein eingeschlagener Lebensweg noch der richtige für dich ist. Dadurch erkennst du, ob du dich noch in die richtige Richtung bewegst, oder ob du eine falsche Abzweigung genommen hast, und kannst den eingeschlagenen Weg entsprechend korrigieren. Je besser du dich selbst und deine Umwelt kennenlernst, desto leichter wird es dir fallen, auf dem richtigen Weg zu bleiben. Dadurch führst du langfristig ein selbstbestimmtes, glückliches und nach eigenen Maßstäben erfolgreiches Leben.

Ziele sind gut, aber nur, wenn es die richtigen sind.

Ziele definieren einen selbst gesetzten oder vorgegebenen Sollzustand, der durch Handeln oder Unterlassen angestrebt wird. Wie wir gesehen haben, müssen wir zuerst verstehen, wer wir sind (bewusster Istzustand unseres Selbst basierend auf den Erfahrungen mit unserem Inneren und unserer Umwelt), bevor wir wissen können, was wir wollen (Soll-Zustand im Einklang mit unserem wahren Selbst). Auf dieser Grundlage können wir von richtigen und falschen Zielen sprechen. Richtige Ziele stehen im Einklang mit unserem wahren Selbst und bringen uns diesem näher. Falsche Ziele gehen gegen unser wahres Selbst und führen dazu, dass wir uns davon entfremden. Im Folgenden betrachten wir, warum Ziele für ein selbstbestimmtes, glückliches und erfolgreiches Leben wichtig sind, und gehen näher auf den Grund sowie die Folgen einer falschen und richtigen Zielsetzung ein.

Warum Ziele wichtig sind: das Dilemma der Ziellosigkeit

Stellen wir uns eineiige Zwillinge vor, die unter identischen sozialen Rahmenbedingungen aufwachsen, gleich erzogen werden, denselben Freundeskreis haben, gemeinsam auf eine Schule gehen und sich optisch nur unwesentlich unterscheiden. Von außen betrachtet scheinen sie sich sehr ähnlich zu sein. Auch hinsichtlich ihres Umfelds und der sonstigen äußeren Rahmenbedingungen lassen sich kaum Unterschiede feststellen.

Doch in ihrem Inneren spaltet sich ihre Welt. Der eine Zwilling träumt davon, eines Tages seine eigene Firma zu gründen, ein erfolgreicher Unternehmer zu werden und mit seinen Produkten Menschen zu helfen. Deshalb strengt er sich in der Schule an, vor allem in Fächern wie Betriebswirtschaft, kommt bei seinen Mitschülern und Lehrern gut an und ist motiviert. Es kommt ihm vor, als würde ihm sein Umfeld zahllose Möglichkeiten bieten. Er hat ein Ziel.

Der andere Zwilling hingegen hat keinen Traum und keine Vorstellung seines späteren Lebens. Deshalb ist er antriebslos und macht für die Schule nur das Mindeste. Er ist oft gelangweilt und schaut in seiner Freizeit lieber Serien oder surft im Internet, statt etwas Produktives zu tun. Wenn er von seinen Eltern gefragt wird, was er vorhat, hat er meistens keine Antwort. Der Unterricht ist für ihn ein notwendiges Übel, eine Art Gefängnis, in dem er und seine Mitschüler nichts weiter als Insassen sind. Wo sein Bruder Möglichkeiten sieht, tut sich ihm nur gähnende Leere auf. Er ist ziellos.

Dieses Beispiel macht deutlich, wie wichtig Ziele für ein erfülltes Leben sind. "Der Ziellose erleidet sein Schicksal, der Zielbewusste gestaltet es." Treffender als mit den Worten Immanuel Kants, des Vorreiters der Aufklärung, könnte diese ungemein wichtige Aussage nicht verdeutlicht werden. Ziellos zu sein endet im Nichts, im bloßen Dahinleben. Man hat keine Ambitionen, sein Leben selbst in die Hand zu nehmen und sein Potenzial zu nutzen. Es fehlt der Sinn im Leben. Im Gegensatz dazu steht eine zielbewusste Lebenseinstellung, aus der die Notwendigkeit eines Ziels hervorgeht, auf das man hinarbeiten kann, das einen antreibt und das das Leben bedeutungsvoll macht. Dabei spielt es keine Rolle, wie groß oder klein das Ziel ist, ob es anderen erstrebenswert erscheint oder wie lange der Weg dorthin ist, ja nicht einmal, ob wir es am Ende erreichen. Oft finden wir uns auf dem Weg zu einem Ziel selbst, erkennen viele wichtige Eigenschaften wie Ausdauer, Disziplin und Hingabe und lernen viel über die menschliche Natur. In erster Linie geht es darum, dass das Ziel es uns ermöglicht, einen tieferen Lebenssinn zu finden, der uns antreibt und uns eine klare Richtung vorgibt. Dadurch bekommen wir die Möglichkeit, unser Leben selbst in die Hand zu nehmen und aktiv nach unseren Vorstellungen zu gestalten. Es fällt uns leichter, Dinge zu tun, die uns auf den ersten Blick nicht zu gefallen scheinen, und Hürden zu überwinden. So kommen wir einem selbstbestimmten, glücklichen und erfolgreichen Leben näher.

Unser Weg ist nicht in Stein gemeißelt. Wir haben die Möglichkeit, unser Leben selbst zu bestimmen und uns den Pfad auszusuchen, der für uns der richtige ist - der Weg des wahren Selbst. In jeder Lebenssituation haben wir die Freiheit, uns zu entscheiden, wie wir auf externe Reize reagieren, uns anzupassen und entsprechend zu handeln. Ich möchte nicht sagen, dass dies einfach ist. Unser Umfeld, das, was wir konsumieren, anschauen und lesen, kurz unsere äußeren Rahmenbedingungen haben großen Einfluss auf uns. Einen starken Geist hingegen beeinflussen diese äußeren Gegebenheiten allerdings deutlich weniger. Je älter wir werden, desto schwieriger wird es, unsere festgefahrene Weltsicht, Verhaltensweisen und innere Haltung zu ändern. Mit einer offenen Sichtweise, optimistischen Grundeinstellung und den entsprechenden Einflüssen zum richtigen Zeitpunkt ist es jedoch stets möglich. Dies beweist die Geschichte von Viktor Frankl, der erkannt hat, dass er selbst unter den schlimmsten Umständen im Konzentrationslager die Freiheit hatte, seine innere Haltung zu ändern und entsprechend zu handeln. So kann dir dieses Buch helfen, die Reise zu deinem wahren Selbst anzutreten und dein Leben zu verbessern, wenn du es zum richtigen Zeitpunkt liest und bereit bist, dich der hier vorgestellten Philosophie zu öffnen. Verschließt du dich ihr hingegen oder liest dieses Buch zum falschen Zeitpunkt, wird es dir wahrscheinlich weniger nützlich sein.

Von der Gans, die goldene Eier legt: der Irrtum der Getriebenheit

Vor langer Zeit lebte ein tüchtiger Bauer auf einem kleinen Bauernhof am Rande der Stadt mit seinen acht Kühen und vier Gänsen. Jeden Morgen folgte er der gleichen Routine. Zuerst ging der Bauer in den Kuhstall und melkte die Kühe. Nachdem der Melkeimer voll war, ging er in den Gänsestall und sammelte die Eier seiner Gänse in einem Körbchen ein. Am Mittwoch und Samstag fuhr der Bauer regelmäßig mit der Milch und den Eiern auf den Marktplatz im Zentrum der Stadt, um seine Waren dort zu verkaufen. Er hatte auf seinem Hof alles, was er benötigte, und führte ein größtenteils zufriedenes Leben.

Als er eines Samstagmorgens wieder in den Gänsestall kam, um die Eier einzusammeln, erschrak er plötzlich. Ein goldenes Ei blitzte aus dem Nest der größten und prächtigsten Gans hervor. Ungläubig wischte der Bauer sich die Augen, doch er hatte sich nicht getäuscht. Das Ei war nicht weiß und matt wie die anderen, sondern glänzte in strahlendem Gold. Euphorisch griff er nach dem goldenen Ei und rannte in seine Stube, wo er es ausgiebig begutachtete und prüfte. Und tatsächlich: Das Ei bestand aus purem Gold.

Der Bauer konnte sein Glück kaum fassen und nahm das Ei am nächsten Mittwoch mit auf den Marktplatz. Dort präsentierte er es dem ortsansässigen Schmuckhändler. Dieser war beeindruckt und bot dem Bauern eine beträchtliche Summe. Der Bauer akzeptierte das Angebot und kehrte mit seinen Taschen voller Geld auf den Hof zurück.

Als er am nächsten Morgen wieder die Eier im Gänsestall einsammeln wollte, traute er seinen Augen nicht. Im Nest der größten und prächtigsten Gans lag erneut ein goldenes Ei. Auch dieses verkaufte der Bauer wieder für ein kleines Vermögen.

Dieses Wunder wiederholte sich von Tag zu Tag, bis der Bauer durch den Verkauf der goldenen Eier zu einem wohlhabenden Mann geworden war. Doch irgendwann machte sich Ungeduld in ihm breit. Er dachte sich, dass es doch noch viel gewinnbringender wäre, wenn die Gans statt nur einem, zwei oder drei goldene Eier pro Tag legen würde. Nachdem ihn die

Idee von noch schnellerem Reichtum nicht mehr losließ, hatte er eines Morgens eine Idee. Da die prächtige Gans jeden Tag ein goldenes Ei legte, musste sie innen selbst komplett aus purem Gold sein. Dies stand für den Bauern außer Frage. Warum also sollte er jeden Tag auf ein goldenes Ei warten, wenn er sofort eine große Gans aus purem Gold haben konnte?

Also ging der Bauer, geblendet von unermesslichem Reichtum und Habgier, kurz entschlossen in den Gänsestall und schlachtete die große, prächtige Gans. Doch was er sah, ließ ihn zutiefst erschüttern. Ungläubig taumelte er zurück und blickte auf sein Werk. Er bereute von ganzem Herzen, was er angerichtet hatte, denn die Gans war nicht aus purem Gold. Im Inneren bestand sie aus Fleisch und Blut, wie jede andere Gans auch. So hatte der Bauer auf einen Schlag gleich beides verloren, seine große, prächtige Gans und ein goldenes Ei an jedem neuen Morgen.

Da der Bauer nicht mit Geld umzugehen wusste, weil er es nicht gewohnt war, wohlhabend zu sein, verlor er bald seinen gesamten Reichtum. Er verschuldete sich und musste zuerst seine Tiere und dann den gesamten Hof verkaufen. Der Bauer kam nie über den Schmerz hinweg, seine größte Einkommensquelle in blinder Habgier eigenhändig geschlachtet zu haben, verfiel dem Alkohol und endete als Bettler auf der Straße.

Diese Fabel des griechischen Dichters Äsop verdeutlicht, wie schädlich es sein kann, einem Ziel zu verbissen zu folgen. Der von Habgier getriebene Bauer kann sich nicht beherrschen und zerstört durch seinen blinden Ehrgeiz genau das, was ihm langfristig zum Erreichen seines Ziels verholfen hätte: die Gans, die goldene Eier legt.

Das gleiche kann uns passieren, wenn wir unsere Ziele zu verbissen verfolgen. Haben wir in jedem Moment nur unser Ziel vor Augen, laufen wir Gefahr, wichtige Aspekte, die zur Erreichung des Ziels notwendig sind, zu vergessen. Geplagt von krankhaftem Ehrgeiz verfallen wir in ein getriebenes Dasein. Wir verlernen im Hier und Jetzt zu leben, können nicht mehr entspannen, geschweige denn unser Leben genießen, und vergessen, dass für die Erreichung großer Ziele Geduld einer der wichtigsten Faktoren ist. Es ist uns nicht mehr möglich, auf unseren Instinkt zu hören. Die innere

Stimme, die uns vergeblich zu warnen versucht, einen Gang zurückzuschalten, wird ignoriert. Wir werden zu Robotern, die blind nur noch ihren selbst gesteckten Zielen folgen, ohne diese weiter zu hinterfragen oder zu prüfen, ob der eingeschlagene Weg noch der richtige ist. Wir sind kaum besser dran als diejenigen, die orientierungslos umherirren oder fremdgesteuert externen Vorgaben folgen. Statt der Selbstbestimmtheit einen Schritt näherzukommen, berauben wir uns unserer Freiheit und werden Sklaven eines selbst auferlegten Gefängnisses. Wir bemerken nicht, dass unsere Verbissenheit langsam an unseren emotionalen, geistigen und körperlichen Reserven zehrt und laufen Gefahr, das zu zerstören, was die Grundlage einer jeden Zielerreichung ist: uns selbst. Doch nicht nur das. Unser Tunnelblick verschreckt auch unser soziales Umfeld. Freunde wenden sich ab, weil wir sie kaum noch sehen. Unsere Beziehungen gehen in die Brüche, weil wir keine Zeit mehr für unsere PartnerInnen haben. Am Ende stellen wir fest, dass wir nicht nur uns selbst zugrunde gerichtet haben, sondern auch vollkommen einsam sind. Der Schmerz dieser Erkenntnis bringt uns dazu, der Realität entfliehen zu wollen, was uns noch tiefer in den Abgrund treibt.

Theodor Fontane, deutscher Schriftsteller und Vertreter des Realismus, hat es mit dieser Aussage auf den Punkt gebracht: "Wenn man glücklich ist, soll man nicht versuchen, noch glücklicher sein zu wollen". Ein großes persönliches Ziel zu verfolgen bedeutet, sich mit dem Status quo nicht zufriedenzugeben. Wenn in der Gegenwart alles genauso wäre, wie wir es uns wünschten, wären wir nicht motiviert, nach etwas Größerem zu streben. Wir müssen dieses Streben jedoch im Zaum halten, es für uns nutzen, sodass wir unser Ziel kontrollieren und nicht umgekehrt. Sonst enden wir wie der Bauer in der Fabel. Das Erreichen eines langfristigen Ziels, das mit unserem wahren Selbst einhergeht, erfordert neben Eigenschaften wie Motivation, Disziplin und Mut in erster Linie (Selbst-)Vertrauen. Aus Vertrauen resultiert Geduld. Vertrauen und Geduld gehören zu den am schwersten zu erlernenden Fähigkeiten, weil wir nie wissen, wie lange wir noch geduldig sein müssen, bis wir am Ende unseres Weges ankommen. Mit zu großem, unkontrolliertem Ehrgeiz stehen wir uns nur selbst im Weg.

Wir machen uns das Leben schwerer als nötig. Statt unser Ziel zu erreichen, geben wir auf, stecken resigniert den Kopf in den Sand und begnügen uns mit der Rechtfertigung, es doch mit allen Mitteln versucht zu haben. Wir erkennen nicht, dass wir mit unserer Verbissenheit selbst unser größter Feind sind. Ein gewisses Maß an Unzufriedenheit und Ehrgeiz ist notwendig, um ein Ziel zu erreichen. Unsere Motivation und unser Antrieb entstehen durch die Vorstellung einer besseren Zukunft. Wir können unsere Ziele jedoch nur erreichen, wenn wir unseren Ehrgeiz kontrollieren und nicht vergessen, das Hier und Jetzt wertzuschätzen und unser Leben zu genießen.

Die Problematik der falschen Zielsetzung

Wir haben erkannt, dass Ziele auf dem Weg zu einem selbstbestimmten, glücklichen und nach eigenen Maßstäben erfolgreichen Leben wichtig sind, wir uns aber durch zu großen Ehrgeiz nur selbst im Weg stehen. Außerdem haben wir gesehen, dass uns das Erkunden unseres wahren Selbst dabei hilft, die richtigen Ziele zu setzen. Was ist jedoch die Ursache, dass so viele Menschen ihre Ziele nicht erreichen? In den meisten Fällen liegt der Grund in einer falschen Zielsetzung. Die Ursache hierfür liegt in der ungenügenden Kenntnis unseres wahren Selbst.

Ein Beispiel: Die meisten deiner Freunde gehen ins Fitnessstudio und auf Instagram siehst du ständig durchtrainierte Influencer. Nun glaubst du, dass auch du ins Fitnessstudio gehen solltest. Du meldest dich an, bist einige Wochen oder Monate motiviert, doch irgendwann verlässt dich die Motivation und du gehst nicht mehr trainieren. Den Grund schiebst du darauf, dass du keine Zeit hast oder das Training zu monoton ist. Der wahre Grund liegt jedoch darin, dass du dir das falsche Ziel gesetzt hast. Du hast dich von externen Faktoren beeinflussen lassen und bist blind einem scheinbar erstrebenswerten Ziel gefolgt, das in Wirklichkeit jedoch nicht mit deinem wahren Selbst übereingestimmt hat. Das Resultat ist, dass du dein Ziel nicht erreichst und äußere Umstände dafür verantwortlich machst oder an dir selbst zweifelst.

Wenn wir uns falsche Ziele setzen, spielen häufig externe Reize eine Rolle, die unsere Motivation beeinflussen, indem sie einen internen Impuls auslösen (Gedanken und Emotionen). Zum Beispiel spiegeln sie uns einen scheinbaren Mangel vor und wecken somit ein falsches Bedürfnis. Es kann natürlich auch sein, dass ein externer Reiz uns dahingehend beeinflusst, dass wir uns (zufällig) das richtige Ziel setzen. Es besteht jedoch ein großer Unterschied darin, einem internen Impuls, der durch einen externen Reiz ausgelöst wird, ohne diesen zu hinterfragen, nachzugeben oder diesen mit unserem wahren Selbst abzugleichen. Dies mag anfangs harte Arbeit sein, je weiter wir uns unserem wahren Selbst jedoch annähern, desto intuitiver geht dieser Prozess vonstatten. So lernen wir mehr und mehr, uns die richtigen Ziele zu setzen.

Unbewusste Zielsetzung:
Wir setzen uns zufällig die falschen oder richtigen Ziele.

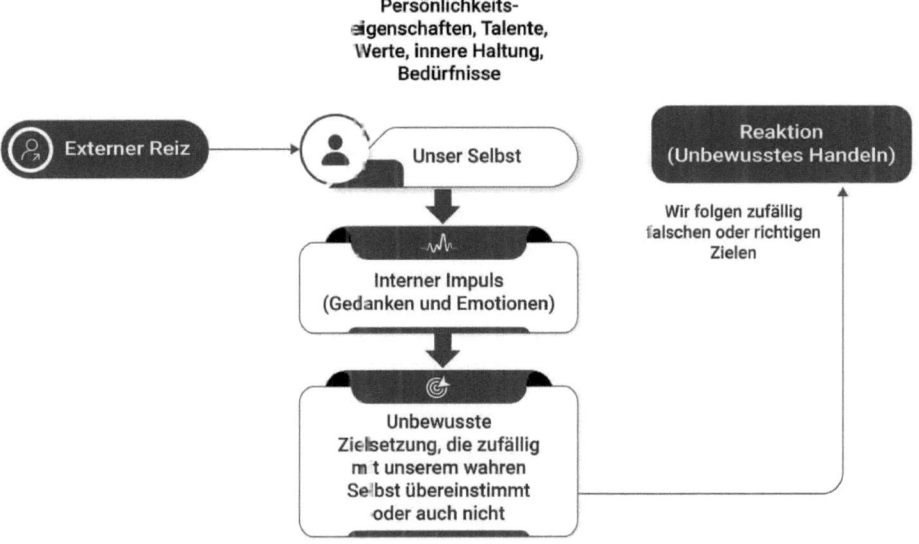

Bevor wir uns Ziele setzen, sollten wir also stets abgleichen, ob sie mit unserem wahren Selbst übereinstimmen. Ansonsten erreichen wir unsere Ziele nicht oder laufen Gefahr, einem falschen Gott zu folgen. Tun wir dies zu lange, entfremden wir uns von unserem wahren Selbst. Die Folgen können Unsicherheit, Ruhelosigkeit, mangelndes Selbstvertrauen oder sogar Depressionen sein.

Der Adler und die Schildkröte: Die Bedeutung des richtigen Ziels

Vor langer Zeit lebte eine Schildkröte, deren sehnlichster Wunsch es war, fliegen zu lernen. Sie fühlte sich von ihrem Dasein auf dem Boden eingeschränkt und ihr Panzer kam ihr wie eine große Last vor. Tag für Tag sehnte sie sich mehr danach, die Welt von oben zu betrachten und frei wie ein Vogel zu sein. Der Wunsch wurde so groß, dass sich eine starke Unruhe in ihr breitmachte und sie mehr in ihrer Traumwelt lebte, als wirklich Schildkröte zu sein.

Eines Tages jedoch landete ein stolzer Adler in ihrer Nähe und putzte seine Flügel. Von dem Geräusch aufgeschreckt, steckte sie ihren Kopf aus dem Panzer. Die Schildkröte konnte ihr Glück kaum fassen, einen so erhabenen Reiter der Lüfte neben sich vorzufinden. Ihrem Traum zum Greifen nahe, erklärte sie dem Adler ihre Situation und bat ihn, ihr das Fliegen zu lehren. Der Adler jedoch war skeptisch und versuchte, der Schildkröte ihre Idee mit rationalen Argumenten auszureden. Die Schildkröte jedoch wollte davon nichts hören und redete so lange auf den Adler ein, bis dieser sich bereit erklärte, sie in seine Fänge zu nehmen und hoch in der Luft loszulassen, damit sie selbst fliegen konnte.

Gesagt, getan, ergriff der Adler die Schildkröte, schlug mit seinen mächtigen Flügeln und erhob sich in die Lüfte. Am höchsten Punkt angekommen, versuchte der Adler, die Schildkröte noch ein letztes Mal umzustimmen, doch sie insistierte, sodass der Adler sie losließ. Wie ein nasser Sack fiel die Schildkröte in die Tiefe und zerschellte auf dem Boden.

Der griechische Dichter Äsop macht mit dieser Fabel klar, wie schädlich es sein kann, sich falsche Ziele zu setzen. Wie die Schildkröte in der Fabel folgen wir häufig Zielen, die nicht mit unserem wahren Selbst übereinstimmen, nur um am Ende zu merken, dass wir uns geirrt haben. Auch wenn die Folgen für uns nicht so drastisch sein mögen wie für die Schildkröte in der Fabel, können sie dennoch Unsicherheit, Stress, Selbstzweifel oder Depressionen hervorrufen.

Wie wichtig hingegen die Bedeutung des richtigen Ziels ist, verdeutlicht das Beispiel von Ausnahmeerscheinungen wie Arnold Schwarzenegger. Schwarzenegger wuchs nach dem Zweiten Weltkrieg in Thal auf, einem winzigen Ort in Österreich. Schon in sehr jungen Jahren entdeckte er seine Liebe und sein Talent für Bodybuilding und setzte sich das Ziel, einmal nach Amerika zu gehen und dort der größte Bodybuilder aller Zeiten zu werden. Schwarzenegger wurde nicht nur siebenfacher Mr. Olympia (die größte Auszeichnung, die es im Bodybuilding gibt), sondern auch einer der erfolgreichsten Schauspieler Hollywoods und Gouverneur von Kalifornien.

Wichtig ist hierbei anzumerken, dass Schwarzenegger ein unglaubliches Talent für Bodybuilding hatte und mit einer großartigen Genetik gesegnet war. Dies ermöglichte es ihm erst, sein hochgestecktes Ziel in die Realität umzusetzen. Schwarzenegger hat sich also auf Basis seines Selbst - Persönlichkeitseigenschaften, Talente, Werte, innere Haltung und Bedürfnisse - genau das richtige Ziel ausgesucht. Erst dadurch war er in der Lage, seine hochgesteckten Ambitionen zu realisieren. Sicherlich war Schwarzenegger auch zur richtigen Zeit am richtigen Ort. Doch der Hauptgrund seines Erfolgs dürfte wohl die richtige Zielsetzung auf Grundlage seiner Selbsterkenntnis gewesen sein.

Nehmen wir einen Schwarzenegger, der sich ein anderes Ziel gesetzt hätte, vielleicht Lehrer zu werden oder Anwalt. Wir wissen nicht, ob er nicht auch darin erfolgreich gewesen wäre. Was wir aber mit großer Wahrscheinlichkeit sagen können, ist, dass er nicht der Schwarzenegger geworden wäre, den wir heute kennen.

Die Geschichte von Schwarzenegger macht deutlich, welchen Stellenwert die Definition des richtigen Ziels hat und dass damit alles auf dem Weg zum Erfolg steht und fällt. Mit Erfolg ist an dieser Stelle nicht objektiver, sondern subjektiver Erfolg gemeint. Objektiver Erfolg wird meist anhand von außen vorgegebener Kriterien gemessen, die in einer Gesellschaft erstrebenswert sind, wie zum Beispiel Status oder eine gute Platzierung im Sport. Subjektiver Erfolg hingegen basiert auf unseren eigenen Maßstäben, beispielsweise Lebenszufriedenheit oder dass wir jeden Tag ein kleines Stückchen besser in dem werden, was wir tun. Aus der Sicht des wahren Selbst bedeutet Erfolg, dass wir einem richtigen Ziel Stück für Stück näherkommen.

Wir könnten noch viele weitere Beispiele von bekannten, erfolgreichen Personen heranziehen. Mit großer Wahrscheinlichkeit liegt der Hauptgrund für ihren Erfolg zu einem großen Teil darin, dass sie sich auf Grundlage ihres wahren Selbst das richtige Ziel gesetzt haben. Doch so weit müssen wir gar nicht gehen. Häufig finden wir solche Menschen in unserem direkten Umfeld. Menschen, bei denen immer alles glatt zu laufen scheint, die sich von nichts verunsichern lassen und scheinbar in allen Bereichen ein erfülltes Leben führen. Das Gegenteil sind Menschen, bei denen viel schiefläuft, die sich von ihren Problemen einschüchtern lassen und einfach nicht vorankommen. Der Unterschied ist aller Wahrscheinlichkeit nach auch hier in der richtigen Zielsetzung im Zusammenhang mit entsprechender Selbsterkenntnis zu finden.

Deshalb sollten auch wir auf Basis unserer eigenen Voraussetzungen ein übergeordnetes Ziel definieren, das mit unserem wahren Selbst einhergeht. Je mehr Erfahrungen wir über uns sammeln, desto leichter wird uns dies fallen. Gepaart mit der nötigen Selbsterkenntnis und der Umsetzung unserer Erkenntnisse, wird sich so zwangsläufig das richtige Ziel für uns herauskristallisieren. Das richtige Ziel wird uns in Kombination mit der kontinuierlichen Annäherung an unser wahres Selbst zu persönlichem Erfolg verhelfen und dafür sorgen, dass wir ein selbstbestimmtes, glückliches Leben führen.

Wie wir uns die richtigen Ziele setzen

Es ist nicht immer leicht, richtige von falschen Zielen zu unterscheiden. Ständig werden wir von äußeren Reizen beeinflusst. Diese äußeren Einflüsse lösen innere Impulse (Gedanken und Emotionen) aus, die zu Handlungen führen. Deshalb ist es auch so wichtig, dass wir unser wahres Selbst besser kennenlernen. So fällt es uns deutlich leichter, zu entscheiden, ob es sich lohnt, einem Ziel zu folgen oder nicht.

Unser Selbst basiert auf unseren Persönlichkeitseigenschaften, Talenten, Werten, unserer inneren Haltung, Bedürfnissen und den Erfahrungen, die wir machen. Es wird automatisch von außen beeinflusst, da wir in ständiger Interaktion mit unserem Umfeld und der Welt stehen. Es gibt jedoch auch einen Teil unseres Selbst, der einfach da ist. So haben wir beispielsweise eine besondere Faszination für Musik, obwohl unsere Freunde und Familie eher unmusikalisch sind. Doch beim Hören eines bestimmten Künstlers packt uns ein Gefühl, das andere nicht mit uns zu teilen scheinen. Etwas in unserem Inneren wurde geweckt. Hierfür haben wir keine Erklärung. Es fühlt sich einfach richtig an. Häufig findet sich jedoch eine Erklärung dafür, wenn wir unser wahres Selbst besser verstehen.

Das, was einfach in uns vorhanden ist, und die Erfahrungen, die wir durch äußere Einflüsse machen, formen unser Selbst. Die Kunst besteht darin, beide Faktoren in dem Ausmaß zu berücksichtigen, dass unser Erleben und Verhalten unserem wahren Selbst entsprechen. Dies wird durch Selbsterkenntnis und die Umsetzung der gewonnenen Erkenntnisse ermöglicht.

- Was sind unsere Persönlichkeitseigenschaften?
- Worin liegen unsere Talente?
- Wie sieht unser Wertekonzept aus?
- Wie ist unsere innere Haltung beschaffen?
- Worin liegen unsere Bedürfnisse?
- Wie wirken sich die Erfahrungen, die wir machen, darauf aus?

Auf dieser Grundlage sollten wir versuchen, uns Ziele zu setzen.

Bewusste Zielsetzung:
Wir setzen uns mit höherer Wahrscheinlichkeit die richtigen Ziele.

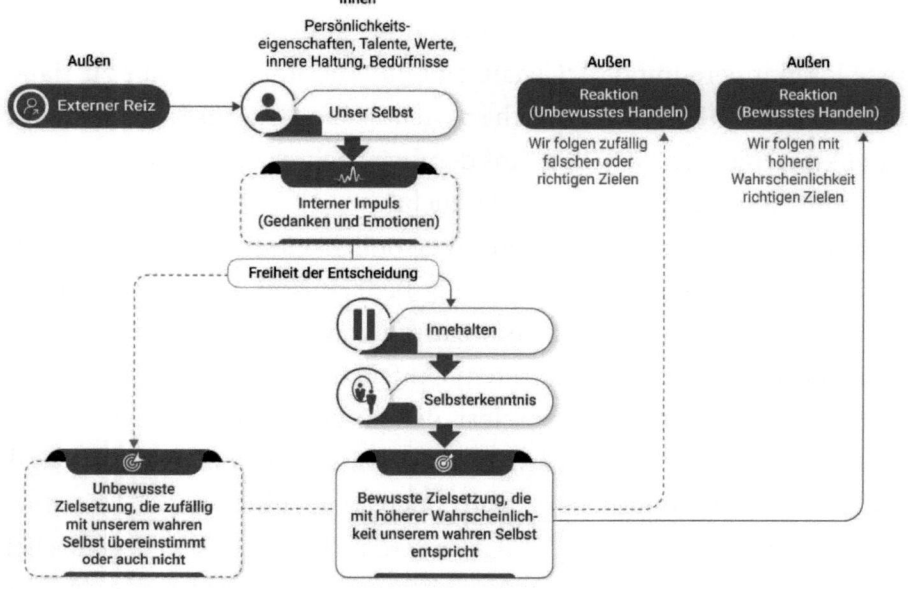

Erkenntnisse für dein Leben

Ein auf deinem wahren Selbst basierendes Ziel gibt deinem Dasein einen Sinn. Es fungiert als Richtungsweiser, wirkt motivierend und lässt dich Hindernisse leichter überwinden. Statt ziellos umherzuirren, folgst du einem klaren Weg, der mit deinem übergeordneten Ziel im Einklang steht, und findest im Erreichen kleiner Etappenziele Erfüllung. Auch wenn es einmal nicht so läuft wie geplant, verlierst du nicht den Mut, weil du das große Ganze im Blick behältst. Du erkennst, wie wichtig es für dich ist, deinem Ziel zu folgen, weil du weißt, dass es mit deinem wahren Selbst im Einklang steht und dich diesem einen Schritt näherbringt. Gleichzeitig weißt du, dass es nichts nützt, deinem Ziel zu verbissen hinterherzujagen, weil du sonst ausbrennst. Deshalb vergisst du nicht, das Hier und Jetzt wertzuschätzen, Pausen zu machen und das Leben zu genießen.

Dir ist außerdem bewusst, dass du, nur weil du dein Ziel erreichst, nicht plötzlich wunschlos glücklich bist. Das Leben ist geprägt von Fortschritt, deshalb ist dein Ziel lediglich ein relevanter Meilenstein auf deinem Weg. Dennoch wirst du dich durch das Erreichen deiner Ziele in genau die Richtung weiterentwickeln, die für dich die beste ist, denn dein übergeordnetes Ziel orientiert sich an deinem wahren Selbst. Deshalb genießt du das Erreichen deiner Ziele und feierst sie. Nach dem Erreichen deines aktuellen Ziels folgt das nächste.

So bist du dauerhaft insgesamt zufriedener, ausgeglichener und motivierter. Du kannst außerdem falsche von richtigen Zielen unterscheiden. Du erkennst, wenn ein Ziel mit deinem wahren Selbst übereinstimmt oder ob du einem Pfad folgst, der dir fälschlicherweise von außen auferlegt wurde. Somit vermeidest du unnötige Irrwege und führst ein selbstbestimmtes, glückliches und nach deinen eigenen Maßstäben erfolgreiches Leben.

Warum Integrität so entscheidend ist

Integrität bezieht sich auf die Übereinstimmung des Verhaltens eines Menschen mit seinen persönlichen Werten. Ein integrer Mensch lebt und handelt in der Form, dass seine persönlichen Überzeugungen, Maßstäbe und Wertvorstellungen in seinem Verhalten Ausdruck finden. Persönliche Integrität steht für die Treue zu sich selbst. Zudem achtet sie die Integrität der Mitmenschen und strebt danach, diese nicht zu verletzen. Wir können also von einer Integrität des wahren Selbst sprechen. Im Gegensatz dazu steht das Verhalten einer Person, die sich nicht von ihren eigenen Werten leiten lässt, sondern beispielsweise von Verlockungen oder externen Reizen, die nicht mit ihrem wahren Selbst übereinstimmen. Im Folgenden gehen wir darauf ein, warum Integrität für ein an unserem wahren Selbst ausgerichtetes Leben so entscheidend ist und welche dramatischen Konsequenzen es haben kann, wenn wir unsere persönliche Integrität verraten.

Integrität als Grundpfeiler für unser Handeln

"Die Heimat eines Menschen muss die Ewigkeit sein, von Augenblick zu Augenblick. Ohne sie ist er verloren und greift, immerfort strebend nach Rauchschwaden. Ein Mensch muss alles tun, was nötig ist, um diese ewig neue Erkenntnis zu gewinnen, zu stabilisieren und sein Leben an ihr auszurichten." Mit diesen Worten beschreibt David Deida in seinem Buch *Der Weg des wahren Mannes*, wie wichtig es ist, sich stets an seine tiefste Wahrheit zu halten. Die tiefste Wahrheit beruht auf unserem wahren Selbst und fasst die Grundlage unserer Motivation zusammen. In anderen Worten ist unsere tiefste Wahrheit mit unserem Lebenssinn gleichzusetzen. Durch die fortwährende Annäherung an unser wahres Selbst kommen wir gleichzeitig auch unserer tiefsten Wahrheit Schritt für Schritt näher.

Unsere Werte sind Teil unseres wahren Selbst. Sie bezeichnen erwünschte oder als moralisch gut betrachtete Eigenschaften oder Qualitäten, die wir Ideen, Idealen, Handlungsmustern oder dem Charakter zuschreiben. In Bezug auf das wahre Selbst sprechen wir jedoch weniger von erwünschten, sondern vielmehr den tatsächlichen Werten des Selbst. Es handelt sich also um die subjektiven Werte eines Menschen auf der Grundlage seines sich aus der Interaktion mit dem Innen und Außen ergebenden wahren Selbst.

Wir müssen uns selbst und unsere grundlegenden Werte kennen, weil wir sonst Gefahr laufen, umherzuirren und "immerfort strebend nach Rauchschwaden" zu greifen. Dabei spielt Integrität, also die möglichst weitgehende Übereinstimmung zwischen den eigenen Werten und der tatsächlichen Lebenspraxis, eine entscheidende Rolle. Sie sorgt dafür, dass wir uns selbst treu bleiben und dass wir durch unser Handeln nicht unsere persönlichen Werte verraten. Wenn wir immerzu voranschreiten, ohne unser individuelles Wertesystem zu kennen, besteht das Risiko, dass wir Dinge tun, die im Kontrast zu unseren Werten und damit zu unserem wahren Selbst stehen. Dies mag zu kurzfristigem Erfolg führen, langfristig werden wir aber die Diskrepanz spüren, die aus solch einem fehlgeleiteten Handeln resultiert. Dies kann sich darin äußern, dass wir unzufrieden sind, obwohl wir an objektiven Kriterien gemessen Erfolg haben, unser Handeln und uns selbst ständig hinterfragen, eine innere Unruhe oder sogar Zerrissenheit verspüren. Wenn unsere Lebenspraxis nicht mit unseren Werten übereinstimmt, wird sich dies bemerkbar machen. Wir können unser wahres Selbst nicht verleugnen oder unterdrücken. Versuchen wir dies, wird es sich in anderen Wegen Bahn brechen. Deshalb ist es essenziell, dass wir uns unsere Werte bewusst machen und unser Leben daran ausrichten. Dieser Prozess geht Hand in Hand mit der Erkenntnis unseres wahren Selbst einher:

- Was fühlt sich richtig und gut an?
- Wo spürst du ein Unwohlsein, ein flaues Gefühl?
- Wann fühlst du dich zufrieden?
- Wann fühlst du dich innerlich zerrissen?
- Woran wächst dein Selbstvertrauen, obwohl der Weg vielleicht steinig und schwer ist?
- Wann wächst dein Selbstvertrauen nicht, obwohl du an objektiven Kriterien gemessen erfolgreich bist?

Indem wir uns diese Fragen stellen und dadurch lernen, auf unsere innere Stimme in der Interaktion mit dem Außen zu hören, machen wir uns unser wahres Selbst bewusst. So finden wir heraus, welche Erfahrungen mit unseren Werten im Einklang sind und welche in Diskrepanz zu unserem Wertesystem stehen. Dadurch erkennen wir erst, worin unsere Werte eigentlich bestehen. Wenn wir unsere Werte kennen, können wir unser Handeln daran ausrichten, sodass unser Verhalten weitestgehend mit unseren Werten übereinstimmt und wir ein integres Leben führen.

Die Grundlage für unser Wertesystem kann in einer religiösen, politischen oder humanistischen Ethik begründet sein. Sie liegt in unserer Erziehung, unserem sozialen Umfeld, den Büchern, die wir lesen, den Inhalten, die wir konsumieren, unserer Kultur - in allem, was uns umgibt und Einfluss auf uns nimmt, und dem, was schon immer unbeeinflusst in uns vorhanden war. Wir können unser eigenes Wertesystem definieren, indem wir vorherrschende Werte übernehmen oder vorgegebene Werte kritisch hinterfragen. Es spielt weniger eine Rolle, woher unsere Werte kommen, als dass wir uns dieser bewusst werden. So finden wir heraus, ob unsere Werte im Einklang mit oder im Gegensatz zu unserem wahren Selbst stehen:

- Anhand welcher Werte, die wir von anderen übernommen haben, ohne sie zu hinterfragen, richten wir unser Leben aus?
- Wie wirkt sich unser Handeln auf Basis dieser Werte auf unsere Zufriedenheit und unser Selbstvertrauen aus?
- Fühlen wir uns gut dabei oder spüren wir eine Diskrepanz?
- Stimmen diese Werte wirklich mit unserem wahren Selbst überein?
- Kennen wir unsere tatsächlichen Werte überhaupt?

Die Neuausrichtung unseres Wertesystems auf Basis unseres wahren Selbst ist ein aufwendiger Prozess. Da wir uns im Laufe unseres Lebens verändern, entwickelt sich auch unsere Wertvorstellung. Wir sollten daher in regelmäßigen Abständen hinterfragen, ob unser Wertesystem mit unserem wahren Selbst übereinstimmt und ob unser Handeln mit unseren Werten einhergeht. Nur wenn wir unsere Werte kennen, können wir ein integres Leben führen. Persönliche Integrität oder vielmehr die Integrität des wahren Selbst ist für ein selbstbestimmtes, glückliches und nach eigenen Maßstäben erfolgreiches Leben essenziell: "Ein Mensch muss alles tun, was nötig ist, um diese ewig neue Erkenntnis zu gewinnen, zu stabilisieren und sein Leben an ihr auszurichten." Welche dramatischen Folgen es haben kann, wenn unser Verhalten nicht mit unseren Werten und unserem wahren Selbst integer ist, betrachten wir im nächsten Kapitel.

Der Verrat der Integrität des wahren Selbst und die dramatischen Konsequenzen

"Wenn die Liebe der Eltern sich so einstellt, dass sie Unterwerfung und Abhängigkeit fordert, um sich bestätigt zu fühlen, dann wird gesellschaftliche

Anpassung zu einer Probe der Gehorsamkeitsleistung. Das daraus resultierende Streben bringt den Verlust der wahren Gefühle mit sich." Bereits 1984 erkannte der Schweizer Psychoanalytiker Arno Gruen in Der Verrat am Selbst, dass wir uns selbst zerstören, wenn wir entgegen unserer tatsächlichen Werte leben. Der Verrat unserer Integrität geht einher mit dem Verrat unseres wahren Selbst. Wenn die Dinge, nach denen wir streben, uns dazu zwingen, entgegen unserer Werte zu handeln, unterdrücken wir dadurch unser inneres Bedürfnis nach Integrität. Damit spalten wir quasi einen Teil unserer Seele ab.

Doch nicht nur in der Psychologie ist dies seit langem bekannt. Joanne K. Rowling hat diese Erkenntnis in ihrem fiktiven Roman Harry Potter durch den Charakter Voldemort, der seine Seele durch das Erschaffen von Horkruxen in sieben Teile spaltet, sehr treffend verbildlicht. Voldemort, der mehr als nach allem anderen nach Macht strebt, sehnt sich so sehr nach Unsterblichkeit, dass er Teile seiner Seele in Gegenstände einsperrt, in denen er, wenn sein physischer Körper zerstört wird, weiterleben kann. Um einen Horkrux zu erschaffen, muss Voldemort das tun, was im Prinzip gegen die Integrität eines jeden Menschen geht: einen anderen Menschen töten. Weil Voldemorts Machtstreben so gewaltig ist, fällt ihm das, was für die meisten Menschen unvorstellbar wäre, leicht und er verspürt keine Reue bei den Morden, die er begeht. Damit spaltet er wortwörtlich jedes Mal einen Teil seiner Seele ab. So wird aus dem Zauberer Tom Riddle der dunkle Lord Voldemort. Doch auch in anderen fiktiven Büchern und Filmen finden wir solche Charaktere als Metapher für den Verrat der Integrität des Selbst wieder. Anakin Skywalker in Star Wars von George Lucas tötet, vom Imperator manipuliert und getrieben von Angst, seine eigene Frau, verrät alles, wofür er einst gestanden hat, und wird zu Darth Vader. Sauron (ursprünglich Mairon) lässt sich in J.R.R. Tolkiens Der Herr der Ringe von Melkor, der im Gegensatz zu den anderen Valar die Welt nicht verbessern, sondern beherrschen möchte, verführen. Er verrät seine Gefährten, verrichtet in seinem Streben nach Macht die schrecklichsten Dinge und wird so zum dunklen Herrscher.

Aus Tom Riddle wird der dunkle Lord Voldemort, aus Anakin Skywalker der Sith Lord Darth Vader und aus Mairon der dunkle Herrscher Sauron. Diese Charaktere haben eines gemeinsam: Sie verraten die Grundprinzipien der moralischen Werte eines jeden Menschen. Dadurch werden sie unmenschlich, weil sie die Teile von sich abspalten, die einen Menschen ausmachen. Werte wie Reue, Mitgefühl, Toleranz oder Vertrauen sind für diese dunklen Kreaturen nicht länger von Bedeutung, denn sie haben ihr Selbst, ihre Menschlichkeit verraten. In der Literatur oder in Filmen werden die Folgen des Verrats der eigenen Integrität zwar häufig überspitzt dargestellt, doch gerade das Extrem dieser Charaktere verdeutlicht, was mit uns passiert, wenn wir uns selbst verraten. Wir spalten einen Teil unseres Wesens ab, unserer Menschlichkeit, wenn man so will, und werden zu etwas anderem, Unmenschlichem. Dies ist der Grund, warum Menschen trotz ihres objektiven Erfolgs oftmals unglücklich sind, sich innerlich zerrissen fühlen, an mangelndem Selbstvertrauen leiden oder keine gesunden Beziehungen führen können.

Nehmen wir ein aktuelleres Beispiel: eine junge Frau in ihren frühen Zwanzigern, deren größter Wunsch es ist, eine erfolgreiche Investmentbankerin zu werden und damit viel Geld zu verdienen. Nach ihrem Studium beginnt sie ein Trainee-Programm bei einer renommierten Großbank. Bereits im Studium hat sie den Großteil ihrer Zeit auf das Lernen von fachspezifischen Finanzthemen verwendet und sich nie im Detail mit sich selbst auseinandergesetzt. Sie glaubt, ihre grundlegenden Werte zu kennen. Anfangs begründet sie ihr Handeln unterbewusst auf diesen Werten, merkt aber schnell, dass dies ihrem Erfolg im Weg steht. Sie beginnt deshalb, Menschen Finanzprodukte zu verkaufen, von denen sie insgeheim weiß, dass sie sie nicht brauchen oder die sogar schlecht für sie sind. Doch weil sie merkt, dass sie damit erfolgreich ist, macht sie weiter. Weil sie so erfolgreich ist und die Bank davon profitiert, bekommt sie im Laufe ihres Trainee-Programms viel Lob und Anerkennung von ihren Vorgesetzten, was sie nur noch mehr antreibt. Am Ende des Trainee-Programms wird ihr eine Karriere als Führungskraft angeboten. Während sie weiter aufsteigt und ihr beruflicher Erfolg unaufhaltsam wächst, bemerkt sie irgendwann, dass sie schlechter schläft und immer häufiger Kopfschmerzen bekommt. Zum ersten Mal seit Jahren meldet sie sich krank. Sie kann sich diese plötzlich auftretenden körperlichen Beschwerden nicht erklären, da sie sonst immer fit und kerngesund war. Auch ihr Arzt weiß keine Antwort, da ihre körperlichen Werte überdurchschnittlich gut sind. In seiner Ratlosigkeit verschreibt er ihr Medikamente. Nach einer Woche verschwinden die Kopfschmerzen und auch ihr Schlaf verbessert sich. Also geht sie, motiviert von der plötzlichen Genesung, wieder zur Arbeit und setzt die Pillen ab. Doch nach einigen Wochen tauchen die Beschwerden wieder auf, die Kopfschmerzen sind schlimmer als zuvor und die Schlafprobleme entwickeln sich zu chronischer Schlaflosigkeit. Sie beginnt, die Medikamente regelmäßig zu nehmen, damit sie zur Arbeit gehen und ihr Leben normal weiterführen kann. Die Medikamente helfen ihr. Sie beseitigen ihre Kopfschmerzen, lassen sie nachts ruhig schlafen. Gleichzeitig unterdrücken sie aber ihre Emotionen und machen sie gefühlskalt. Nur so kann sie funktionieren und ihr Leben auf die alte Art und Weise weiterführen. Ihr beruflicher Erfolg wächst weiter, doch sie spaltet ihr wahres Selbst und ihre eigentlichen Werte immer mehr von sich ab, bis das Leben, das sie führt, ohne die Medikamente gar nicht mehr möglich ist. An objektiven Kriterien gemessen ist sie erfolgreich. Im Inneren jedoch ist sie leer und führt ein monotones, kaltes Dasein abseits ihrer Gefühle. Sie hat ihr wahres Selbst und ihre Werte zu lange verraten und ist quasi unmenschlich geworden.

Erfolg bedeutet nichts, wenn wir dafür unsere Integrität verraten müssen. Dabei spielt es keine Rolle, was die Gründe für den Verrat unseres Selbst sind. Vielleicht haben wir in unserer Kindheit Traumata erlitten oder wurden in einem Elternhaus großgezogen, in dem Leistung das einzige war, für das wir Anerkennung erhielten. Doch dies können wir nicht mehr ungeschehen machen. Worauf wir jedoch Einfluss haben, ist unser bewusstes Denken, Fühlen und Handeln. Wir können uns dazu entscheiden, uns unserem wahren Selbst anzunähern, unsere tatsächlichen Werte zu erkennen und unser Handeln daran auszurichten.

Selbsterkenntnis braucht Zeit: Die Bedeutung eines integren Lebens

Es hat eine große Anziehungskraft, für eine höhere Lebensqualität nach schnellen und einfachen Lösungen im Außen zu suchen: eine neue Technik, die uns hilft, erfolgreich zu werden, teure Kurse, die das geheime Rezept für schnellen Reichtum versprechen, ein Guru, der das Geheimnis eines glücklichen Lebens zu kennen scheint, ein Sündenbock für unsere Probleme. Es ist das Versprechen von schnellem Erfolg und einfachen Lösungen, ohne viel dafür tun zu müssen. Wir geben die Verantwortung an eine außenstehende Instanz ab und hoffen, dadurch ein besseres Leben zu führen, ohne die nötige Arbeit tun zu müssen. Doch dies ist eine Illusion. Wenn wir unser wahres Selbst nicht kennen und unser Handeln nicht daran ausrichten, kann uns nichts im Außen helfen, ein besseres Leben zu führen. Qualitativ hochwertige, langfristige Resultate können wir nur erzielen, wenn wir bereit sind, die notwendige Arbeit dafür zu tun. Der Psychoanalytiker, Sozialpsychologe und Philosoph Erich Fromm äußert dies wie folgt:

"Heute begegnen wir einem Menschen, der sich wie ein Automat verhält, der sich selbst nicht kennt und nicht versteht und der nur die Person kennt, die er zu sein glaubt, weil es so von ihm erwartet wird, dessen bedeutungsloses Geschwätz an die Stelle der kommunikativen Sprache, dessen künstliches Lächeln an die Stelle des echten Lachens und dessen Gefühl der dumpfen Verzweiflung an die Stelle des echten Schmerzes getreten ist."

In bestimmten Lebensbereichen akzeptieren wir, dass Wachstum und Fortschritt Zeit brauchen. Zum Beispiel ist es uns sehr wohl bewusst, dass wir regelmäßig ins Fitnessstudio gehen müssen und jahrelange Disziplin sowie gesunde Ernährung erforderlich sind, um einen muskulösen, starken Körper zu entwickeln. Wenn Kinder Fahrrad- oder Skifahren lernen, ist dies ein ganz normaler, zeitintensiver Prozess, bei dem sie hinfallen, immer wieder aufstehen und es erneut versuchen, bis sie die gewünschte Fähigkeit irgendwann erlernen. Doch wenn es darum geht, uns mit uns selbst auseinanderzusetzen, sind wir nicht so geduldig. Wenn wir jedoch nach einem selbstbestimmten, glücklichen und nach eigenen Maßstäben erfolgreichen Leben streben, ist der Prozess der Selbsterkenntnis nicht anders, als wenn wir Fahrradfahren lernen oder einen muskulösen Körper aufbauen. Er benötigt Geduld, Hingabe und Disziplin. Wir werden oft scheitern und müssen immer wieder aufstehen, bis wir die gewünschte Fähigkeit erlangen. Wir müssen fortwährend an uns arbeiten und unser Selbst immer wieder aufs Neue hinterfragen, da unsere Fähigkeiten in diesem Zusammenhang sonst einrosten - wie im Fitnessstudio, wo die Muskeln zurückgehen, wenn man sie nicht regelmäßig trainiert.

Diesen natürlichen Wachstumsprozess der persönlichen Entwicklung können wir nicht künstlich beschleunigen. Es ist sehr unwahrscheinlich, dass wir eine Kniebeuge mit 120 Kilogramm machen, wenn wir noch nie 100 Kilogramm gebeugt haben, oder dass wir aus dem Nichts ein ganzes Buch schreiben, wenn wir noch nie einen Essay oder eine Kurzgeschichte zu Papier gebracht haben. Wie können wir dann erwarten, ein selbstbestimmtes, glückliches Leben zu führen, wenn wir nicht dazu bereit sind, uns in dem Ausmaß mit uns selbst auseinanderzusetzen, das nötig ist, um unser wahres Selbst zu erkennen? Wenn wir einfach voranschreiten, ohne unsere Werte zu hinterfragen, gleichzeitig aber erwarten, ein selbstbestimmtes, glückliches Leben zu führen, wird das Gleiche passieren, wie wenn wir aus dem Nichts versuchen, eine Kniebeuge mit 120 Kilogramm zu machen: Wir werden sehr wahrscheinlich scheitern. Das Scheitern an und für sich ist nicht schlimm, da es uns im Idealfall dazu bringt, den Grund für unser Scheitern zu suchen und es beim nächsten Mal besser zu machen. Dadurch setzen wir uns mit uns selbst auseinander. Problematisch wird es nur, wenn wir den Grund für unser Scheitern im Außen suchen und versuchen, eine schnelle Lösung für unsere Probleme zu finden, statt uns mit uns selbst auseinanderzusetzen.

Ich selbst habe diesen Fehler immer wieder gemacht. Ich war ehrgeizig, ungeduldig und fehlgeleitet. Statt mich der Reise zu meinem wahren Selbst vollständig hinzugeben, habe ich mich von äußeren Einflüssen leiten lassen. Dies hat letztendlich dazu geführt, dass ich mich von der Integrität meines wahren Selbst immer weiter entfernt habe. Obwohl ich der Überzeugung war, ein klares Ziel zu haben, war ich in Wirklichkeit orientierungslos, wie ein kleines Boot, das verloren auf einem stürmischen Ozean mit starkem Wellengang umhertreibt und verzweifelt nach einem Leuchtturm Ausschau hält. Ich war ruhelos und getrieben. Mir war nicht bewusst, dass der Prozess der Selbsterkenntnis Zeit braucht und man jeden Schritt dieses Prozesses gehen muss, ohne einen zu überspringen. Stattdessen habe ich unglaublich viel Zeit und Energie darauf verwendet, mein falsches Ziel zu erreichen. Dabei habe ich jedoch erkannt, wie wichtig es ist, sich der Reise zu seinem wahren Selbst vollständig hinzugeben, auch wenn dies auf den ersten Blick schwieriger erscheinen mag, als kurzfristige Lösungen im Außen zu suchen. Wenn wir den Prozess der Selbsterkenntnis akzeptieren, schreiten wir anfangs möglicherweise langsamer voran, ersparen uns langfristig jedoch viel Zeit und unnötigen Schmerz. Es ist viel einfacher, dies frühzeitig zu erkennen und in sein Leben zu implementieren, als festgefahrene Verhaltensweisen später zu ändern.

Weil ich dies auf äußerst schmerzhafte Weise erkannt habe, möchte ich dir mit diesem Buch helfen, die Fehler, die ich gemacht habe, zu vermeiden und dich frühzeitig auf die Reise zu deinem wahren Selbst zu begeben. Meine tiefste Wahrheit, die ich durch die Annäherung an mein wahres Selbst erkannt habe, lautet: Jeder Mensch hat die Möglichkeit, ein selbstbestimmtes, glückliches und nach eigenen Maßstäben erfolgreiches Leben auf Basis seines wahren Selbst zu führen, dadurch sein volles Potenzial zu entfalten und die Welt zum Besseren zu verändern. Diese Botschaft möchte ich dir mit auf den Weg geben. Dadurch kommen wir der Integrität des wahren Selbst einen Schritt näher. Wenn mehr Menschen diese Erkenntnis akzeptieren würden, gäbe es weniger Unzufriedenheit, Ruhelosigkeit, Unsicherheit, Streit, gescheiterte Beziehungen oder mentale Probleme. Dies sollte in jeder Schule und in jeder Universität unterrichtet werden. Wie sich die Integrität des wahren Selbst bezahlt macht, betrachten wir im nächsten Kapitel.

Der ehrliche Holzfäller: Der Lohn der Integrität

Vor langer Zeit lebte in einem abgeschiedenen Bergdorf ein ehrlicher Holzfäller, der sein Leben lang hart gearbeitet hatte, um seine Familie zu ernähren. Seine Arbeit bestand darin, entlang eines Flusses nach Bäumen zu suchen und diese zu fällen. Hatte er einen Baum gefällt, schickte er ihn stets den Fluss hinunter, damit die Leute vom Dorf ihn herausholen und Möbel oder andere nützliche Dinge daraus machen konnten.

Eines Tages aber, als der Holzfäller unachtsam war, rutschte ihm die Axt bei seiner Arbeit aus der Hand und fiel in den Fluss. Weil die Strömung zu stark war, konnte er nicht ins Wasser springen, um seine Axt zu suchen. Verzweifelt ging er auf und ab, da er nicht wusste, wie er ohne Axt weiter Bäume fällen und seine Familie ernähren sollte. Das Wehklagen des Holzfällers tönte durch den ganzen Wald und lockte Merkur, den Gott des Reichtums und des Glücks, an, der, wie es der Zufall wollte, an diesem Tag in der Gegend unterwegs war. Er blieb am Fluss stehen, um zu sehen, was dort passiert war.

Wie er den Holzfäller so am Fluss sitzen und um seine verlorene Axt trauern sah, beschloss Merkur, ihm zu helfen. Er griff ins Wasser und zog eine goldene Axt heraus, die er dem Holzfäller brachte. Der Holzfäller bedankte sich für die Mühe, teilte seinem Helfer jedoch niedergeschlagen mit, dass es sich bei der goldenen nicht um seine Axt handelte. Die goldene Axt sei sehr schön und der Holzfäller wisse Merkurs Hilfe wirklich zu schätzen, jedoch könne er sie nicht annehmen, da es nicht seine war. Merkur, überrascht, dass der Holzfäller eine goldene Axt ablehnte, griff erneut ins Wasser und zog eine silberne Axt hervor. Doch auch dieses Mal schüttelte der Holzfäller resigniert den Kopf. Auch diese Axt sei wahrlich prachtvoll, doch bei seiner Axt handele es sich um eine ganz gewöhnliche aus Holz und Metall. Also tauchte Merkur noch ein drittes Mal hinunter und diesmal zog er eine ganz gewöhnliche Axt aus Holz und Metall aus dem Wasser. Außer sich vor Freude umarmte der Holzfäller Merkur und dankte ihm für seine Gnade, da es sich dieses Mal wirklich um seine Axt handelte.

Merkur, gerührt von der Dankbarkeit des Holzfällers und beeindruckt von seiner Ehrlichkeit, sprach ihm seine Bewunderung aus und schenkte ihm zum Dank alle drei Äxte, die aus Holz und Metall, die silberne und die goldene. Der Holzfäller, der sein Glück kaum fassen konnte, dankte Merkur überschwänglich von ganzem Herzen, bis dieser rot wurde und schließlich davonflog.

Der Holzfäller kehrte mit seinen Schätzen nach Hause zurück und schon bald war die Geschichte seines Glücks im ganzen Dorf bekannt. Es gab mehrere Holzfäller im Dorf, die auf schnellen Reichtum aus waren und eins und eins zusammenzählten. Wenn sie auch am Fluss ihre Äxte verloren, würde ihnen sicherlich das gleiche Glück widerfahren. Also brachen sie zum Fluss auf und versteckten ihre Äxte im Gebüsch oder vergruben sie unter der Erde. Dann begannen sie zu weinen und zu jammern und flehten Merkur an, ihnen in ihrer Not beizustehen. Und tatsächlich, Merkur erschien. Einem nach dem anderen zeigte er zuerst eine goldene Axt und jeder schwor auf Stein und Bein, dass es sich um seine Axt handelte. Doch Merkur, der ihre Scheinheiligkeit durchschaute, gab ihnen statt der goldenen Axt einen Hieb auf den Kopf und schickte sie nach Hause. Als sie am nächsten Tag zurückkehrten, um nach ihren eigenen Äxten zu suchen, waren diese verschwunden.

Mit dieser Fabel beschreibt der griechische Dichter Äsop, was passiert, wenn wir uns selbst treu bleiben. Selbst in seiner größten Not ist der Holzfäller mit seinen Werten integer und nimmt weder die goldene noch die silberne Axt an, welche die Rettung aus seiner misslichen Lage wäre, weil diese ihm nicht gehören. Sein Wertekonzept verbietet es ihm, sich an fremdem Eigentum zu bereichern, selbst wenn er in Not ist. Für dieses ungewöhnliche Maß an Integrität wird der Holzfäller von Merkur mit allen drei Äxten belohnt, seiner eigenen, der silbernen und der goldenen. Die anderen Holzfäller, die Merkur ausnutzen wollen, nachdem sie gehört haben, was passiert ist, werden hingegen bestraft.

Nun soll diese Fabel keineswegs ein Appell an die allgemeine Moral sein. Sie soll lediglich verdeutlichen, dass wir uns selbst belohnen, wenn unsere Handlungen mit unseren Werten integer sind, und uns bestrafen, wenn das Gegenteil der Fall ist. Einem selbstbestimmten, glücklichen und nach eigenen Maßstäben erfolgreichen Leben kommen wir am ehesten näher, wenn wir unser wahres Selbst kennen und unser Handeln daran ausrichten. Es spielt dabei weniger eine Rolle, wie unsere Werte aussehen, als dass wir diese kennen und im Einklang mit der Integrität unseres wahren Selbst leben, statt unser Selbst durch unser Handeln zu verraten.

Erkenntnisse für dein Leben

Durch ein integres Leben wirst du deine Ziele reinen Gewissens verfolgen können. Du musst dich nicht länger fragen, ob das, was du tust, richtig oder sinnvoll ist, weil du mit dir selbst im Reinen bist, deine tiefste Wahrheit kennst und ein Leben auf Basis deiner persönlichen Werte führst. Dadurch kannst du reinen Gewissens in den Spiegel schauen und selbstbewusst voranschreiten. Du wirst auf deinem Weg weniger mit inneren Diskussionen zu kämpfen haben, weil du dein Wertekonzept kennst. Wenn du deine Ziele erreichst, weißt du, dass sie im Einklang mit deinem wahren Selbst stehen.

Durch deine Integrität des wahren Selbst wird es dir außerdem leichter fallen, in die Kommunikation mit anderen zu treten und Menschen von deinen Ideen zu überzeugen. Du kommst dir dabei nicht scheinheilig vor, sondern kommunizierst aus deiner tiefsten inneren Überzeugung heraus. Die Menschen in deinem Umfeld werden das merken und dir vertrauen, weil Integrität genau dies ermöglicht: Vertrauen in eine größere Idee, selbst wenn sie noch nicht realisiert ist.

Dir ist gleichzeitig bewusst, dass sich deine Werte im Laufe deines Lebens verändern können. Deshalb betrachtest du in regelmäßigen Abständen, ob deine Werte sich in einem Veränderungsprozess befinden. Entsprechend richtest du dein Handeln neu aus, sodass es mit deinem wahren Selbst übereinstimmt. Durch dieses fortwährende Betrachten deiner Selbst läufst du nicht Gefahr, zu lang in die falsche Richtung zu laufen. Du weißt, dass du dein wahres Selbst nie vollständig verstehen wirst, jedoch kannst du dich diesem Verständnis so weit wie möglich annähern. Dein Handeln ist an einem tieferen Sinn ausgerichtet, der im Einklang mit dir und deinen Werten steht. Dies ist die Grundlage für ein selbstbestimmtes, glückliches und nach deinen eigenen Maßstäben erfolgreiches Leben.

Was Aufopferungsbereitschaft bedeutet

Aufopferungsbereitschaft bedeutet, im Hier und Jetzt etwas für eine bessere Zukunft zu opfern. Dies kann beispielsweise durch die Aufwendung von Zeit und Energie oder den Verzicht auf bestimmte Dinge geschehen. Doch woher wissen wir, ob es sich lohnt, Opfer zu erbringen, und was wir zu opfern bereit sind? Selbsterkenntnis ist der Schlüssel dazu. Auf der Reise zu unserem wahren Selbst müssen wir zwangsläufig Opfer erbringen, die sich jedoch durch ein glückliches, selbstbestimmtes und nach unseren eigenen Maßstäben erfolgreiches Leben bezahlt machen. Im Folgenden betrachten wir, was die Grundlage für Aufopferungsbereitschaft ist und wie wir die Stimme des wahren Selbst schulen und als Wegweiser nutzen können, um die richtigen Opfer zu erbringen. Außerdem gehen wir darauf ein, wie sich ein übergeordnetes, an unserem wahren Selbst orientiertes Leitbild auf ein selbstbestimmtes, glückliches und erfolgreiches Leben auswirkt.

Sei vorsichtig, was du dir wünschst!

"Bei allem, was du tust, bedenke die Voraussetzungen und Folgen und geh erst dann ans Werk. Andernfalls wirst du anfangs voll Begeisterung an die Sache herangehen, da du ja keine der möglichen Entwicklungen bedacht hast, später aber, wenn irgendwelche Schwierigkeiten auftauchen, allmählich aufgeben." Epiktet, antiker Philosoph der römischen Kaiserzeit, hebt mit diesem Zitat hervor, wie wichtig es ist, sich selbst zu kennen, bevor man sich Ziele setzt. Wenn wir uns entscheiden, einem Ziel zu folgen, müssen wir auf dem Weg dorthin zwangsläufig Opfer erbringen. Wir müssen bereit sein, im Hier und Jetzt etwas zu opfern, um zukünftig etwas dafür zu bekommen.

Hat man sich zum Beispiel das Ziel gesetzt, einen Marathon zu laufen, muss man viele Stunden dafür trainieren, eine entsprechende Diät einhalten und auf viele angenehme Dinge verzichten. Man muss sich immer wieder aufs Neue dazu entscheiden, laufen zu gehen, statt bequem auf dem Sofa zu sitzen. Selbst wenn man sein Bestes gibt, kann es immer noch passieren, dass man sich beim Training oder am Wettkampftag verletzt und den Marathon nicht zu Ende laufen kann. All dies muss einem bewusst sein, bevor man sich entschließt, einen Marathon zu laufen. Wenn man sich bewusst macht, was es eigentlich bedeutet, einen Marathon zu laufen, und dann immer noch bereit ist, die nötigen Opfer zu erbringen, sollte man dies auch tun. Schrecken einen die mit dem Marathon einhergehenden Opfer jedoch zu sehr ab, sollte man es sein lassen.

Das ist Aufopferungsbereitschaft. Man erbringt Opfer, um am Wettkampftag die beeindruckende Distanz von knapp 42 km zu laufen. Die Belohnung ist das triumphale Gefühl, wenn man die Ziellinie überschreitet und weiß, dass man aus eigener Kraft geschafft hat, was kaum jemand einem zugetraut hätte und nur sehr wenige Menschen schaffen. Dieses Gefühl wünschen sich viele. Die wenigsten sind jedoch bereit, zu tun, was dafür nötig ist. Deshalb ist es auch so entscheidend, dass wir unser Selbst besser verstehen. Für ein Ziel, das im Einklang mit unserem wahren Selbst steht, werden wir viel eher bereit sein, die nötigen Opfer zu erbringen. Hindernisse werden sich uns auf dem Weg zu einem Ziel zwangsläufig in den Weg stellen. Wir werden auf die Probe gestellt, wenn wir es am wenigsten erwarten. Dies ist der Moment, in dem sich zeigt, ob wir wirklich bereit sind zu opfern, was nötig ist oder ob wir aufgeben. Es ist wichtig zu verstehen, dass es besser ist, auf dem Weg zu einem falschen Ziel aufzugeben, als verbissen daran festzuhalten, nur um am Ende zu erkennen, dass man sich geirrt hat. Genauso muss uns klar sein, dass wir auch auf dem Weg zu einem richtigen Ziel, das mit unserem wahren Selbst übereinstimmt, immer wieder vor Herausforderungen gestellt werden. Der Unterschied besteht darin, dass wir auf dem Weg zu einem richtigen Ziel viel eher bereit sind, die nötigen Opfer zu erbringen, als auf dem Weg zu einem falschen Ziel. Ein richtiges Ziel erkennen wir nicht daran, dass der Weg immer leicht ist, sondern an unserer Aufopferungsbereitschaft. Folgen wir einem richtigen Ziel, sind wir gerne bereit, unsere Zeit und Energie dafür aufzuwenden und auf Dinge zu verzichten, weil es uns erfüllt, auch wenn andere dies nicht verstehen mögen. Wir entscheiden uns dazu, weiterzumachen, obwohl wir jederzeit aufhören könnten.

Die Entscheidung zu vertrauen als Grundlage für Aufopferungsbereitschaft

"Am Ende stellt sich alles her, wenn derjenige, welcher weiß, was er will und kann, in seinem Tun und Wirken unablässig beharrt." Johann Wolfgang von Goethe schildert in diesem Zitat, dass Selbsterkenntnis ("weiß, was er will und kann") und Aufopferungsbereitschaft ("unablässig beharrt") wichtige Komponenten für das Erreichen unserer Ziele sind. Es ist jedoch nicht damit getan, uns auf die Reise zu unserem wahren Selbst zu begeben. Darüber hinaus müssen wir uns dazu entscheiden, an uns zu glauben und uns selbst zu vertrauen. Daher der Begriff Selbstvertrauen - wir haben Vertrauen in uns selbst. Damit geht das Vertrauen in unser Umfeld und unsere Selbstwirksamkeit einher: Wir vertrauen darauf, dass unser Handeln uns und unser Umfeld positiv beeinflusst. Die Entscheidung zu vertrauen, müssen wir selbst treffen. Wir haben die Freiheit dazu. Wenn wir uns selbst vertrauen, werden wir die nötige Aufopferungsbereitschaft an den Tag legen können, um unsere Ziele zu erreichen und ein glückliches, selbstbestimmtes sowie erfolgreiches Leben zu führen.

Fannie Hurst kam 1915 nach New York, um sich ihr Geld als Autorin zu verdienen. Das gelang ihr nicht auf Anhieb und sie erfuhr vier harte Jahre lang am eigenen Leib, dass der Broadway ein hartes Pflaster war. Tagsüber arbeitete sie und nachts hing sie ihren Hoffnungen nach. Als diese allmählich zu bröckeln begannen, zog sie nicht ihren Hut vor dem Broadway und gestand sich ihre Niederlage ein, sondern lächelte ihm augenzwinkernd zu und machte weiter. Ein Verlag schickte ihr sechsunddreißig Absagen, bevor sie eine Geschichte platzieren konnte.

Jemand, für den eine Autorin auf dem Broadway zu werden, nicht das richtige Ziel ist, hätte diese Aufopferungsbereitschaft nur sehr unwahrscheinlich an den Tag legen können. Am Ende zahlte es sich für Fannie Hurst zwar aus, da sie letztendlich große Erfolge auf dem Broadway feierte, doch der Erfolg war ihr nie garantiert. Sie war trotzdem bereit, die nötigen Opfer zu erbringen, ganz einfach, weil es das war, was sie tun musste. Sie hat sich ihrem wahren Selbst weit genug angenähert, um zu erkennen, dass es für sie das richtige Ziel war, eine Autorin auf dem Broadway zu werden. Auf dieser Grundlage konnte sie trotz unzähliger Hindernisse in dem Ausmaß in sich selbst vertrauen, das nötig war, um die entsprechenden Opfer zu erbringen. Die Entscheidung, diesem Ziel zu folgen und an sich zu glauben, hat sie selbst getroffen.

Vertrauen in die Stimme des wahren Selbst

Martin Luther King Jr. war einer der herausragendsten Vertreter im gewaltfreien Kampf gegen Unterdrückung und soziale Ungerechtigkeit der amerikanischen Bürgerrechtsbewegung der Afroamerikaner. Er wuchs in einem Stadtteil von Atlanta, Georgia auf und hatte eine angenehme, sorgenfreie Kindheit.

Aufgrund der Redegewandtheit seines Sohnes malte sein Vater sich aus, dass Martin Jr. in seine Fußstapfen als Pastor treten würde. Diese Erwartungshaltung machte ihm zu schaffen. Deshalb entschied Martin Jr., nach der Highschool am Morehouse College zu studieren. Dort würde er alle Kurse besuchen, die ihn interessierten, und dann selbst entscheiden, welcher Weg der richtige für ihn war.

Am Ende seines Studiums beschloss Martin Jr., sich zum Priester weihen zu lassen und seinen Doktor in Theologie zu machen. Dabei entdeckte er eine Seite des Christentums, die soziale Pflichten und politischen Aktivismus betonte, las die Bücher aller wichtigen Philosophen, verschlang die Werke von Karl Marx und war von der Geschichte Mahatma Gandhis fasziniert.

Inzwischen hatte Martin Jr. eine Vision für seine Zukunft entwickelt. Rational konnte er nicht erklären, woher sie kam, doch sie stand für ihn fest. Er würde kein einfacher Prediger werden, der sich von seinem Vater formen ließ. Stattdessen würde er in den Süden zurückkehren, wo er eine tiefe Verbindung zu seinen Wurzeln spürte. Dort konnte er Menschen helfen und etwas bewirken. Diese Vision war so stark geworden, dass er sie nicht mehr leugnen konnte.

Nach einer Predigt bei der Dexter Avenue Baptist Church in Montgomery, die die Kirchenoberen beeindruckte, erhielt Martin Jr. ein Jobangebot. Für seine Frau und seinen Vater rochen Dexter und Montgomery aufgrund der starken Rassentrennung nach Ärger. Doch Martin Jr. hatte nicht wie sonst das Bedürfnis, alles nochmal zu überdenken. Er war sich seiner Entscheidung sicher. Es schien schicksalhaft und richtig zu sein.

Martin Jr. erwarb sich bald den Ruf des besten Predigers in der ganzen Gegend und wurde in der Ortsgruppe der NAACP aktiv. 1955 beobachtete er mit großem Interesse, wie sich in Montgomery eine Protestbewegung um Rosa Parks zu bilden begann. Zur besseren Organisation der Bewegung wurde die Montgomery Improvement Association (MIA) gegründet. Wegen seiner Beredsamkeit und scheinbar angeborenen Führungsqualitäten nominierten die Gründer der MIA Martin Jr. in einer örtlichen Versammlung als Vorsitzenden. Martin Jr. konnte die Energie spüren, die förmlich im Raum lag, und die Hoffnungen, die alle an ihn richteten. Er nahm das Angebot an, ohne seine übliche sorgfältige Abwägung durchzuführen.

King entwickelte in seinen Reden, die er jetzt vor großen Menschenmassen bei den MIA-Versammlungen hielt, sein Thema des gewaltlosen Widerstands: Sie würden die andere Seite mit friedlichen Protesten und gerechtfertigten Boykotten besiegen und die Kampagne so lange weiterführen, bis die Rassentrennung in Montgomery beseitigt war.

Die örtlichen Behörden sahen King nun als einen gefährlichen Mann an und initiierten eine Verleumdungskampagne gegen ihn. Fast täglich erhielt King Drohanrufe, die die Sicherheit seiner Familie gefährdeten. Vor einem Gerichtsverfahren, bei dem nur sehr haltlose Anklagepunkte gegen ihn vorgebracht wurden, erhielt er einen weiteren Drohanruf, der sich von allen bisherigen unterschied. Etwas am Tonfall des Anrufers machte ihm große Angst - es schien mehr als eine leere Drohung zu sein.

In jener Nacht konnte Martin Jr. nicht einschlafen. Die Stimme des Anrufers ging ihm nicht aus dem Kopf. Er ging in die Küche, um Kaffee zu kochen und sich zu beruhigen. Sein Körper zitterte, seine Brust und sein Bauch krampften sich zusammen. Er verzweifelte, verlor die Nerven und seine Zuversicht. War es nicht möglich, einfach einen eleganten Ausweg aus seiner Führungsrolle zu finden und zu dem angenehmen Leben eines Priesters zurückzukehren? Als er über seine Vergangenheit reflektierte, erkannte er, dass er bis zu jenen Wochen keine echte Not gekannt hatte. Sein bisheriges Leben war einfach und glücklich gewesen und seine Eltern hatten ihm alles gegeben. Eine derartige Furcht war ihm bislang gänzlich unbekannt gewesen. Als er sich weiter mit diesen Gedanken auseinandersetze, wurde ihm bewusst, dass er einfach die Religion seines Vaters geerbt hatte, aber niemals selbst mit Gott kommuniziert oder seine Präsenz in sich gespürt hatte. Er dachte an seine Familie - seine neugeborene Tochter und seine Frau. Er konnte den Gedanken nicht ertragen, welcher Gefahr er sie aussetzte. Er spürte eine Woge der Panik aufkommen.

Plötzlich kam ihm eine Eingebung und er tat etwas, das er noch nie getan hatte. Er senkte seinen Kopf und betete mit einer Inbrunst, die er noch nie in seinem Leben gespürt hatte: "Oh Herr, ich muss gestehen, dass ich jetzt schwach bin. Ich strauchle. Ich verliere meinen Mut. Ich kann nicht zulassen, dass die Menschen mich so sehen, denn wenn sie sehen, dass ich schwach werde und meinen Mut verliere, werden auch sie anfangen, schwach zu werden." In diesem Augenblick hörte er klar und deutlich eine Stimme, die zu ihm sprach: "Martin Luther, tritt für Rechtschaffenheit ein. Tritt für Gerechtigkeit ein. Tritt für die Wahrheit ein. Und ich werde bei dir sein bis ans Ende der Welt." Martin Jr. erkannte diese Stimme als die Stimme Gottes. Sie versprach, ihn niemals zu verlassen und zu ihm zurückzukehren, wenn es nötig war. Fast augenblicklich spürte er eine enorme Erleichterung. Die Last seiner Zweifel und Ängste war von seinen Schultern genommen worden. Er konnte nicht anders und brach in Tränen aus.

Auf seinem Weg des gewaltlosen Widerstands gegen die Rassentrennung wurde King immer wieder mit Drohungen, Gewalt, Zweifeln und Ängsten konfrontiert. Die Stimme aus jener Nacht kehrte jedoch bis zu seinem Tod stets zurück, wenn er kurz davor war, aufzugeben. Durch sein unablässiges Engagement wurde die Rassentrennung schließlich aufgehoben, was zum Civil Rights Act (Bürgerrechtsgesetz) 1964 führte, das dem Voting Rights Act von 1965 (Wahlrechtsgesetz) den Boden bereitete.

Aus der Erkenntnis unseres wahren Selbst resultiert die richtige Zielsetzung. Die Entscheidung, uns selbst zu vertrauen, ermöglicht es uns, die nötige Aufopferungsbereitschaft zu erbringen, um unsere Ziele zu erreichen. Wir vertrauen unserer inneren Stimme oder vielmehr der Stimme unseres wahren Selbst. Dieses Vertrauen hat es Martin Luther King Jr. ermöglicht, sich selbst treu zu bleiben und sein Ziel selbst im Angesicht größter Not weiterzuverfolgen. Als die Herausforderungen unüberwindbar schienen, hat die Stimme seines wahren Selbst Martin Luther Mut zugeflüstert, um weiterzumachen.

Die Stimme des wahren Selbst ist das Resultat aus unserem Inneren (Persönlichkeitseigenschaften, Talente, Werte, innere Haltung, Bedürfnisse), externen Reizen und den sich daraus ergebenden internen Impulsen (Gedanken und Emotionen) sowie unserer Selbsterkenntnis und der daraus resultierenden bewussten Reaktion auf interne Impulse.

Die Stimme des wahren Selbst

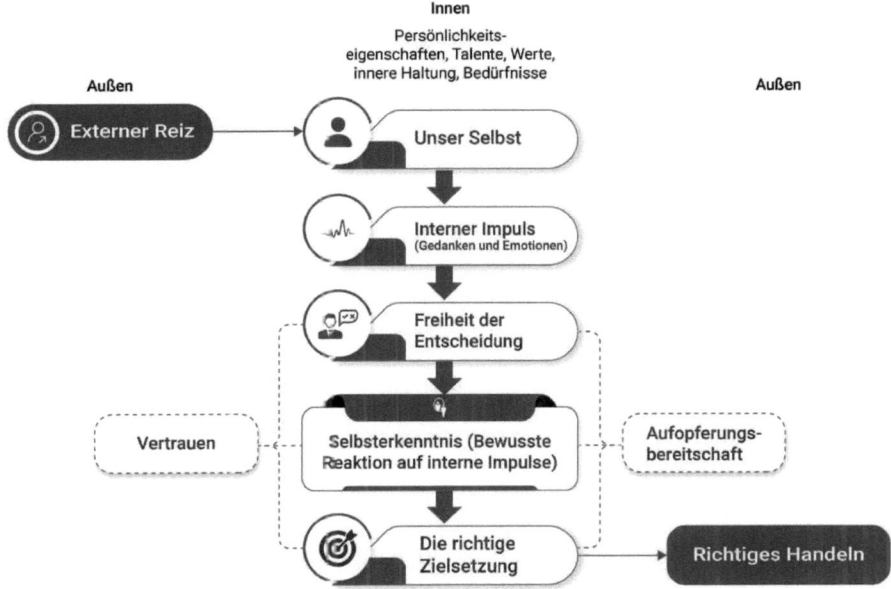

Indem wir uns bewusst mit uns selbst auseinandersetzen, durchlaufen wir den Prozess der Selbsterkenntnis Schritt für Schritt. Dies ist anfangs harte Arbeit, da wir es gewohnt sind, eher impulsiv oder relativ unbewusst zu reagieren bzw. zu handeln. Je weiter wir uns unserem Selbst jedoch annähern, desto intuitiver werden wir auf die Stimme des wahren Selbst hören können. Wir lernen mehr und mehr, interne Impulse, die mit unserem wahren Selbst übereinstimmen, intuitiv von solchen zu unterscheiden, die dies nicht tun.

Die Vision: Mehr als nur ein Ziel

Bisher haben wir davon gesprochen, dass aus der Erkenntnis unseres wahren Selbst die richtige Zielsetzung resultiert und dass das Vertrauen in uns selbst und unser Ziel die nötige Aufopferungsbereitschaft ermöglicht. Ziele definieren einen selbst gesetzten oder vorgegebenen Soll-Zustand, der durch Handeln oder Unterlassen angestrebt wird. Wir müssen also etwas tun oder vermeiden, um unser Ziel zu erreichen. Ein Ziel kann beispielsweise darin bestehen, in einer bestimmten Zeit einen gewissen Geldbetrag anzusparen oder eine bessere Beziehung mit seiner Partnerin zu führen. Für ein wahrhaft selbstbestimmtes, glückliches und erfolgreiches Leben ist es jedoch nicht ausreichend, wenn wir nur unseren Zielen folgen, auch wenn es die richtigen sind. Ziele beziehen sich in der Regel auf einzelne Lebensbereiche, sind sehr spezifisch und kurz- bis mittelfristig ausgerichtet. Um unser Leben dauerhaft an unserem wahren Selbst auszurichten und uns intuitiv von der Stimme des wahren Selbst leiten zu lassen, brauchen wir daher etwas Umfassenderes: Eine Vision.

Bei einer Vision handelt es sich um ein übergeordnetes Leitbild, das auf unserem wahren Selbst basiert. Auf der Reise zu unserem wahren Selbst lernen wir uns immer besser kennen und kommen unserer tiefsten Wahrheit Schritt für Schritt näher. Die tiefste Wahrheit beruht auf unserem wahren Selbst und fasst die Grundlage unserer Motivation zusammen. In anderen Worten ist unsere tiefste Wahrheit mit unserem Lebenssinn gleichzusetzen. Eine Vision lässt sich aus unserer tiefsten Wahrheit ableiten. Sie gibt einen idealen Zielzustand in der Zukunft vor, der zwar niemals gänzlich erreicht werden kann, aber erstrebenswert ist. Eine Vision ist deshalb allgemeiner als ein konkretes Ziel. Sie dient als Leitbild, das uns ein Leben lang und darüber hinaus den Weg weist, den wir gehen müssen. Eine auf unserer tiefsten Wahrheit basierende Vision, die Hand in Hand mit unserem wahren Selbst einhergeht, ermöglicht es uns, intuitiv auf die Stimme des wahren Selbst zu vertrauen, den richtigen Zielen zu folgen und die nötige Aufopferungsbereitschaft zu erbringen. Die Vision Martin Luther King Jr.s für Rechtschaffenheit, Gerechtigkeit und die Wahrheit einzutreten, war so stark, dass er selbst im Angesicht größter Not nicht von ihr abwich, weil die Stimme seines wahren Selbst ihm Mut zuflüsterte und er ihr vertraute. Durch die Definition einer Vision setzen wir selbst den Reiz, der die internen Impulse auslöst, die dazu führen, dass wir uns unserer Vision annähern und somit dem Weg unseres wahren Selbst folgen. Eine auf unserer tiefsten Wahrheit basierende Vision ist somit der Ankerpunkt eines selbstbestimmten, glücklichen und nach eigenen Maßstäben erfolgreichen Lebens.

Die Vision als Ankerpunkt für ein selbstbestimmtes Leben

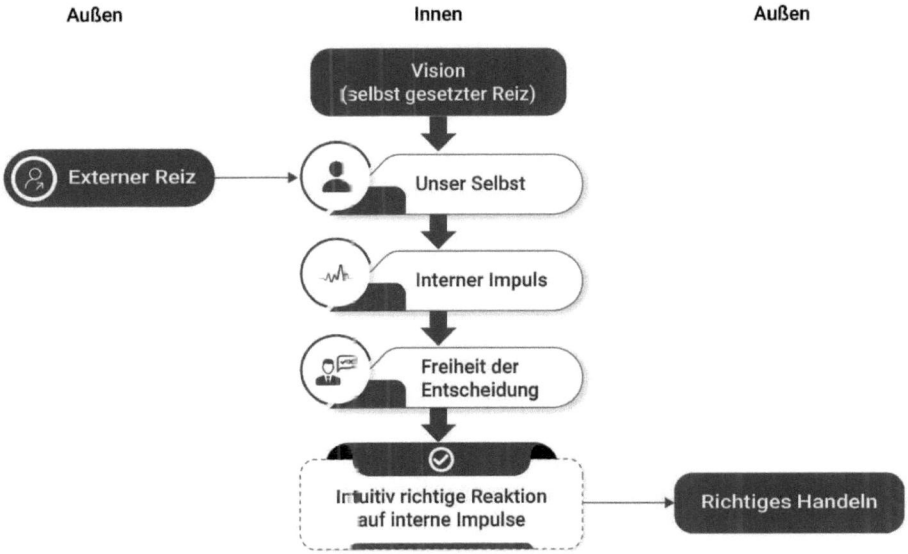

Erkenntnisse für dein Leben

Dadurch, dass du dich auf die Reise zu deinem wahren Selbst begibst, erkennst du deine tiefste Wahrheit. Auf dieser Grundlage fällt es dir viel leichter zu entscheiden, welcher Weg der richtige für dich ist. Dir ist bewusst, dass du durch jede Abzweigung, die du in deinem Leben nimmst, eine andere hinter dir lässt. Es gibt jedoch nur einen Weg des wahren Selbst. Jeder Pfad hat seine eigenen Hürden. Steine werden dir überall in den Weg gelegt. Weil du dir deines wahren Selbst bewusst bist, weißt du jedoch, was es bedeutet, diesen Weg zu gehen. Du weißt, dass es nicht immer einfach sein wird, dass du mit Sorgen, Unsicherheiten und Ängsten zu kämpfen haben wirst. Es wird Momente geben, in denen du an dir zweifelst und in denen du dich fragst, ob es das alles wert ist. Weil du dich aber vorab mit dir selbst auseinandergesetzt und deine tiefste Wahrheit erkannt hast, wirst du dich davon nicht einschüchtern lassen.

Eine auf deiner tiefsten Wahrheit basierende Vision ermöglicht es dir, intuitiv auf die Stimme des wahren Selbst zu vertrauen, den richtigen

Zielen zu folgen und die nötige Aufopferungsbereitschaft zu erbringen. Du wirst nicht beim ersten Hindernis aufgeben und dann etwas Neues versuchen. Du wirst dich nicht ständig fragen, warum du nichts zu Ende bringen kannst oder warum dir nie etwas gelingt. Im Gegenteil, dir ist bewusst, dass Scheitern, Unsicherheit, Zweifel und Schmerz Teil des Prozesses sind. Du gehst nicht davon aus, dass immer alles glatt laufen wird, nur weil du glaubst, dein wahres Selbst erkannt zu haben. Deshalb bist du auch nicht überrascht, wenn Hindernisse auftreten. Weil du weißt, dass selbst oder gerade wenn du deiner Vision folgst, Opfer notwendig sind, kannst du sie bereitwillig erbringen. Dinge, die anderen als Opfer erscheinen mögen, sind für dich weniger ein Verzicht, sondern vielmehr Bestandteil deines Weges. Dies führt dazu, dass du dir selbst treu bleibst und den Weg deines wahren Selbst gehst. Du selbst setzt den Ankerpunkt für ein selbstbestimmtes, glückliches und nach deinen eigenen Maßstäben erfolgreiches Leben.

Der Weg des wahren Selbst

Treten wir einen Schritt zurück. Lassen wir auf uns wirken, was wir bis jetzt erkannt haben. Wir wissen häufig nicht, wer wir sind, irren deshalb umher und tun Dinge, die nicht mit unserem wahren Selbst übereinstimmen. Ständig sind wir auf der Suche nach etwas - Ablenkung, Zufriedenheit, Sinn - ohne jedoch zu wissen, wonach wir überhaupt suchen. Wir leben und handeln unbewusst. Eine solche Lebensweise führt zu Unruhe, Stress, Unzufriedenheit und unnötigen Irrwegen. Dies zu erkennen ist der erste Schritt für ein selbstbestimmtes, glückliches und erfolgreiches Leben. Der zweite Schritt besteht darin, Selbsterkenntnis als Lösung für unsere Probleme zu akzeptieren. Dadurch öffnen wir uns dem Weg des wahren Selbst.

Unser Selbst wird durch die Interaktion zwischen dem Innen und Außen geprägt und basiert auf unseren Persönlichkeitseigenschaften, Talenten, Werten, unserer inneren Haltung sowie unseren Bedürfnissen. Es gibt einen Teil unseres Selbst, der einfach da ist (innen). Dieser kann in Form einer Erfahrung, die üblicherweise durch einen externen Reiz (außen) ausgelöst wird, geweckt werden. Das wahre Selbst ist das Resultat aus unserem Inneren, externen Reizen und den sich daraus ergebenden internen Impulsen (Gedanken und Emotionen) sowie unserer Selbsterkenntnis und der daraus resultierenden bewussten Reaktion auf interne Impulse. Wir haben die Freiheit zu entscheiden, wie wir auf durch externe Reize ausgelöste interne Impulse reagieren. Dies anzuerkennen, ist der dritte Schritt. Dadurch können wir den Weg zu unserem wahren Selbst antreten.

Die tiefste Wahrheit beruht auf unserem wahren Selbst. Sie fasst die Grundlage unserer Motivation zusammen und ist mit unserem Lebenssinn gleichzusetzen. Durch die fortwährende Annäherung an unser wahres Selbst kommen wir gleichzeitig auch unserer tiefsten Wahrheit Schritt für Schritt näher.

Aus unserer tiefsten Wahrheit können wir eine Vision ableiten. Hierbei handelt es sich um ein übergeordnetes Leitbild, das uns ein Leben lang und darüber hinaus den Weg weist, den wir gehen müssen. Unsere Vision gibt einen idealen Zielzustand in der Zukunft vor. Dieser ist zwar erstrebenswert, kann in der Regel aber niemals gänzlich erreicht werden. Deshalb ist eine Vision mehr das Mittel zum Zweck eines selbstbestimmten, glücklichen und erfolgreichen Lebens. Es geht also darum, die Vision als Ankerpunkt zu nutzen, um dem Weg des wahren Selbst dauerhaft zu folgen. Ein selbstbestimmtes und glückliches Leben ergibt sich demnach nicht erst durch die Realisierung unserer Vision, sondern dadurch, dass wir den Weg unseres wahren Selbst gehen, "denn das Große ist nicht, dass einer dies oder jenes ist, sondern dass er es selbst ist; und das kann jeder Mensch sein, wenn er will" (Søren Kierkegaard, dänischer Philosoph, Essayist und religiöser Schriftsteller).

Der Weg des wahren Selbst (vereinfacht)

Ein philosophischer Exkurs: Was bedeutet Wahrheit?

Bisher haben wir vom Selbst und vom wahren Selbst gesprochen. Der Unterschied besteht in der Selbsterkenntnis und der daraus resultierenden bewussten Reaktion auf durch externe Reize hervorgerufene interne Impulse. Das wahre Selbst geht demnach mit einem bewussten Erleben und Verhalten einher, das mehr im Einklang mit unserer wahrhaftigen Natur steht. Unser Selbst hingegen ist mit einem eher impulsgesteuerten bzw. teilweise bewussten Erleben und Verhalten in Verbindung zu bringen, welches höchstens zufällig mit unserem tatsächlichen Wesen übereinstimmt.

Wir gehen also davon aus, dass es ein weniger wahres und ein wahres Selbst gibt. Darüber hinaus nehmen wir an, dass bewusstes Erleben und Verhalten im Einklang mit unserem wahren Selbst richtig und/oder gut ist: Es führt zu einem selbstbestimmten, glücklichen und nach eigenen Maßstäben erfolgreichen Leben. Impulsives oder nur teilweise bewusstes Erleben und Verhalten, das nicht mit unserem wahren Selbst übereinstimmt, ist falsch und/oder schlecht: Es führt zu Stress, Unzufriedenheit, Orientierungslosigkeit und fehlgeleitetem Handeln. Doch woher wissen wir, dass das wirklich so ist? In anderen Worten: Was bedeutet Wahrheit?

Es gibt verschiedene Wahrheitstheorien. Nachfolgend findest du zwei Beispiele:

- Ontologisch-metaphysische Korrespondenztheorie: Wahrheit ist die Übereinstimmung von erkennendem Verstand und Sache.
- Dialektisch-materialistische Widerspiegelungstheorie: Wahrheit ist die Übereinstimmung zwischen Bewusstsein und objektiver Realität.

Aus diesen Theorien ergeben sich diverse weitere Fragen:

- Was ist, wenn der erkennende Verstand verschiedener Personen dieselbe Sache unterschiedlich wahrnimmt? Jemand, der farbenblind ist, wird in Bezug darauf, ob eine Ampel grün oder rot ist, eine andere Aussage treffen als eine Person, die nicht farbenblind ist. Wenn ein Kind in dem Glauben aufgewachsen ist, dass es den Weihnachtsmann gibt, entspricht das der Wahrheit des Kindes, bis es von jemandem überzeugt wird, dass es den Weihnachtsmann nicht gibt. Für einen gläubigen Christen entspricht es der Wahrheit, dass es Gott gibt, während die Wahrheit eines Atheisten darin besteht, dass Gott nicht existiert.

- Wer definiert die objektive Realität? Bevor bewiesen wurde, dass die Welt rund ist, entsprach es der objektiven Realität, dass sie eine Scheibe ist. Nach aktuellem Wissensstand entspricht es der objektiven Realität, dass die Welt rund ist. Woher wissen wir, dass es künftig nicht Erkenntnisse geben wird, die beweisen, dass die Welt, gemessen an der objektiven Realität, formlos ist?

Einen alternativen Blickwinkel auf den Begriff der Wahrheit liefert *Matrix* aus dem Jahr 1999. In dem Film geht es darum, dass die Menschen in einer computergenerierten Traumwelt, der Matrix leben, während ihre echten Körper sich in Kapseln befinden und den Maschinen, die die Welt beherrschen, zur Energiegewinnung dienen. Die Maschinen wurden einst von den Menschen erschaffen und mit künstlicher Intelligenz ausgestattet. Irgendwann haben die Maschinen sich gegen ihre Schöpfer aufgelehnt und einen Krieg begonnen. Die Menschen haben daraufhin den Himmel verdunkelt, da die Maschinen das Sonnenlicht brauchten, um Energie zu gewinnen. Die Maschinen begannen als Antwort darauf, die menschlichen Körper als Energiespender zu nutzen, was schließlich zur Erschaffung der Matrix führte, um das Bewusstsein der Menschen abzulenken und diese quasi einzuschläfern. Es besteht jedoch die Möglichkeit, aus der Matrix auszubrechen, zu erwachen und das wahre Leben zu führen. Dies ist jedoch im Gegensatz zum angenehmen Dasein in der Matrix, das unserem heutigen Alltag sehr ähnlich ist, alles andere als komfortabel. Da die echte Welt für die Menschen größtenteils unbewohnbar geworden ist, kann man sich nur in einer Art Raumschiff in ihr fortbewegen oder sich an einigen wenigen sicheren Orten aufhalten - allerdings in ständiger Angst davor, von den Maschinen entdeckt zu werden.

Cypher, das Mitglied einer Crew aus erwachten Menschen, der das anstrengende Leben und den ständigen Kampf in der echten Welt müde geworden ist, geht einen Pakt mit den Maschinen ein und verrät seine Freunde. Im Gegenzug wird ihm versprochen, dass er alles vergisst, was er gesehen und erlebt hat und sein Bewusstsein wieder in die Matrix zurückbefördert wird. Dort soll er ein angenehmes, glückliches Leben als wohlhabender Bürger fristen können. Letzten Endes wird Cypher getötet, als er versucht, die Körper seiner Kameraden auf dem Schiff zu vernichten, während sich deren Bewusstsein in der Matrix befindet.

Cypher hat seine Entscheidung bereut, die Wahrheit zu erkennen und sich dagegen entschlossen, sein Leben an ihr auszurichten. Stattdessen wollte er wieder in sein altes Leben vor der Erkenntnis zurückkehren und seine Augen vor der Wahrheit verschließen. Was Wahrheit für einen Menschen bedeutet, ist äußerst subjektiv. Für Cypher war ein Leben in der Matrix beispielsweise wesentlich attraktiver als ein Leben in der echten Welt, nachdem er das Leben in der echten Welt gesehen hat. Deshalb hat er sich dazu entschieden, zurückzugehen. Sofern er wirklich alles vergessen und sein Bewusstsein die Matrix wieder als die echte Welt akzeptiert hätte, wäre dies dann nicht seine subjektive und zugleich objektive Realität gewesen?

Wir wollen Wahrheit deshalb nicht als etwas Objektives definieren. Die persönliche Wahrheit eines Menschen ist lediglich seine subjektive Überzeugung einer Sache auf Grundlage der verfügbaren Informationen (außen) und der Interpretation dieser Informationen (innen). Wenn wir dem Weg unseres wahren Selbst folgen, bedeutet dies lediglich, dass wir uns dazu entscheiden zu glauben - oder vielmehr davon überzeugt zu sein - dass ein Leben im Einklang mit unserem wahren Selbst zu mehr Selbstbestimmung, Glück und Erfolg führt als ein Leben auf Grundlage unseres weniger wahren Selbst. Wir treffen also die bewusste Entscheidung, dem Weg unseres wahren Selbst zu folgen, statt in der Matrix zu bleiben und uns mit einem Leben auf der Grundlage unseres weniger wahren Selbst zu begnügen.

Die Reise zu unserem wahren Selbst kann mit großen Herausforderungen einhergehen, wie wir am Beispiel Martin Luther King Jr.s gesehen haben. Doch auch ein Leben auf Basis unseres weniger wahren Selbst enthält Probleme wie Unsicherheit, Stress, Orientierungslosigkeit und Depressionen. Die Herausforderungen auf dem Weg zu unserem wahren Selbst sind jedoch meist von kurzfristiger Natur. Wir überwinden sie in der Regel durch die fortwährende Annäherung an unser wahres Selbst. Im besten Fall kommen sie uns weniger wie Herausforderungen, sondern mehr wie essenzielle Meilensteine vor. Eine Vision kann uns dabei helfen, dem Weg unseres wahren Selbst kontinuierlich zu folgen. Die Belohnung liegt in einem Leben, das von deutlich mehr Selbstbestimmung, Glück und Erfolg geprägt ist.

Die Probleme, die auftreten, wenn wir ein Leben mit unserem weniger wahren Selbst führen, werden in der Regel nicht einfach verschwinden. Im schlimmsten Fall werden sie chronisch oder wir beheben sie kurzfristig mit externen Lösungen wie Ablenkungen oder Medikamenten. Dies mag zu kurzfristiger Zufriedenheit führen, jedoch handelt es sich nur um einen zeitlich begrenzten Aufschub. Langfristig werden unsere Probleme in einem Ausmaß zunehmen, sodass wir nicht länger vor ihnen davonlaufen können. Leben wir für zu lange Zeit und zu weit abseits unseres wahren Selbst, entfremden wir uns im schlimmsten Fall so sehr davon, dass wir unwiderruflich verloren sind.

Die Entscheidung, welchen Weg du wählst, liegt bei dir. Wie ich bereits angemerkt habe, wird dir dieses Buch helfen, wenn du es zum richtigen Zeitpunkt liest. Möglicherweise weißt du allerdings auch nichts mit der hier vorgestellten Philosophie anzufangen. Auch dies ist völlig in Ordnung. Dann kannst du das Lesen an dieser Stelle reinen Gewissens beenden. Wenn du jedoch bereit bist, mehr über den Weg des wahren Selbst zu erfahren, erwartet dich im Folgenden eine ausführlichere Beschreibung der Schritte, die dir helfen, diesen Weg anzutreten.

Schritt 1: Sammle Erfahrungen

"Die Weisheit eines Menschen misst man nicht an seiner Erfahrung, sondern an seiner Fähigkeit, Erfahrungen zu machen". Wir wollen Weisheit in diesem Zitat von George Bernard Shaw, irischer Dramatiker, Politiker, Satiriker, Musikkritiker, Pazifist und Nobelpreisträger für Literatur gleichsetzen mit der Bereitschaft, sein wahres Selbst zu erkunden. Demnach geht es nicht darum, was man glaubt über sich zu wissen ("...seiner Erfahrung..."), sondern um die Bereitschaft zu lernen und herauszufinden, wer man wirklich ist ("...seiner Fähigkeit, Erfahrungen zu machen...").

Die Bereitschaft, Erfahrungen zu machen, ist für jeden, vor allem aber für junge Menschen ausgesprochen wichtig. Wie können wir wissen, wer wir sind und was wir wollen, wenn wir nicht die Erfahrungen machen, die nötig sind, um dies zu erkennen? Unser Selbst basiert auf unseren Persönlichkeitseigenschaften, Talenten, Werten, unserer inneren Haltung sowie unseren Bedürfnissen. Um herauszufinden, was unsere wahrhaftigen Talente, Werte oder Bedürfnisse sind, müssen wir entsprechende Erfahrungen sammeln, die uns dies zeigen. Beschränken wir uns auf das, was wir bereits zu wissen glauben - unhinterfragt übernommene Werte, Denkweisen usw. - berauben wir uns der Freiheit, unserem wahren Selbst durch eigene Erfahrungen näher zu kommen.

Es ist wichtig, verschiedene Erfahrungen in den unterschiedlichsten Lebensbereichen zu machen. Wir sollten uns erlauben, Fehler zu machen und zu scheitern, statt in ständiger Angst davor zu leben, etwas falsch zu machen. Eine neue Erfahrung bringt immer zugleich Chancen und Risiken mit sich. In jedem Fall lernen wir jedoch etwas daraus und kommen unserem wahren Selbst somit näher.

Gleichzeitig sollten wir nicht jeder Erfahrung blind mit dem Ziel hinterherjagen, einzig und allein neue Erfahrungen zu sammeln. Unser Ziel sollte immer darin bestehen, unserem wahren Selbst durch die Erfahrungen, die wir machen, näher zu kommen. Bestimmte Erfahrungen können wir außerdem durch gesunden Menschenverstand oder überliefertes Wissen nachempfinden, ohne sie selbst machen zu müssen. Wir müssen unsere Hand beispielsweise nicht auf eine heiße Herdplatte legen, um zu erkennen, dass dies eine Erfahrung ist, die wir sehr wahrscheinlich nicht wiederholen wollen.

Befinden wir uns am Anfang der Reise zu unserem wahren Selbst, ist es ratsam, für die verschiedensten Erfahrungen offen zu sein. Sind wir schon weiter fortgeschritten, können wir neue Erlebnisse in bestimmten Lebensbereichen ausschließen, weil wir bereits die Erfahrung gemacht haben, dass sie uns unserem wahren Selbst nicht näherbringen. Gleichzeitig werden wir konkrete Erfahrungen in anderen Lebensbereichen wiederholen und vertiefen, weil wir erkannt haben, dass diese im Einklang mit unserem wahren Selbst stehen. Genauso kann es jedoch sein, dass wir uns bestimmten Erfahrungen, für die wir früher noch nicht bereit waren, erst zu einem späteren Zeitpunkt öffnen, weil wir uns im Laufe unseres Lebens verändern.

Es ist daher sinnvoll, sich nach eigenem Ermessen stets die Offenheit für neue Erfahrungen zu bewahren, unabhängig davon, an welchem Punkt unserer Reise wir uns befinden. Häufig sieht man, dass (junge) Menschen sich zu schnell für einen Lebensweg entscheiden und daran festhalten, ohne die Erfahrungen gemacht zu haben, die ein solches Festhalten rechtfertigen würden. Ihnen fehlen die gegensätzlichen Erfahrungen von Lebensalternativen. Passen Lebensalternativen nicht zu unserem wahren Selbst, könnten wir rechtfertigen, warum wir uns für den jeweiligen Lebensweg entschieden haben. Oft beruht die Entscheidung für den gewählten Weg jedoch nicht auf unseren eigenen Erfahrungen, sondern auf der Angst, Fehler zu machen, oder der Bequemlichkeit, einem vorgegebenen Weg unhinterfragt zu folgen. Indem wir uns von externen Faktoren beeinflussen lassen, ohne sie durch eigene Erfahrungen mit unserem wahren Selbst abzugleichen, wählen wir augenscheinlich den Weg des geringsten Widerstandes. Daraus können sich prinzipiell vier Richtungen ergeben:

- Der gewählte Weg stimmt zufällig mit unserem wahren Selbst überein und wir führen ein selbstbestimmtes, glückliches und erfolgreiches Leben.

- Der gewählte Weg stimmt nicht mit unserem wahren Selbst überein. Wir leiden, lernen daraus und begeben uns auf die Reise zu unserem wahren Selbst.
- Der gewählte Weg stimmt nicht mit unserem wahren Selbst überein. Wir leiden. Obwohl wir erkennen, dass der gewählte Weg nicht zu uns passt, halten wir (bewusst) daran fest. Weil wir nicht den Mut haben, uns auf die Reise zu unserem wahren Selbst zu begeben, sind wir von Reue geplagt. Alternativ akzeptieren wir unsere Entscheidung, am gewählten Weg festzuhalten, und nehmen das damit einhergehende Leiden bewusst in Kauf. In diesem Fall wird aus Leid bewusste Akzeptanz, was wiederum einen Weg zum wahren Selbst darstellen kann.
- Der gewählte Weg stimmt nicht mit unserem wahren Selbst überein. Wir leiden. Wir weigern uns einzusehen, dass der gewählte Weg nicht zu uns passt, indem wir uns selbst belügen. Dadurch stumpfen wir ab und entfremden uns mehr und mehr von unserem wahren Selbst.

Schritt 2: Tritt einen Schritt zurück und halte inne

"Glück ist ein Schmetterling, der sich immer unserem Griff entzieht, wenn man ihn jagt, der sich aber auf uns niederlässt, wenn wir ganz still dasitzen." Mit diesem Zitat verdeutlicht der amerikanische Schriftsteller Nathaniel Hawthorne, wie wichtig es ist, innezuhalten, wenn wir unserem wahren Selbst näherkommen möchten.

Erfahrungen zu sammeln ist das eine, sie bewusst zu interpretieren und zu verarbeiten das andere. Um die gemachten Erfahrungen interpretieren zu können, müssen wir bewusst einen Schritt zurücktreten und innehalten. Dies mag auf den ersten Blick kontraproduktiv wirken. Und das ist es auch. Im Moment des Innehaltens sind wir nicht produktiv, zumindest nicht im klassischen Sinne. Wir sind einfach. Stress und Hektik sind ein selbstverständlicher Teil unseres Alltags geworden. Wir glauben, dass wir produktiv sein, ständig etwas machen müssen. Andernfalls sind wir nichts wert. Fortschritt ist gut, Stillstand ist schlecht.

Dies ist jedoch eine Falle unseres weniger wahren Selbst. Unser weniger wahres Selbst glaubt, dass es lediglich aus unseren weltlichen Gedanken, Emotionen und Handlungen besteht. Wenn wir nichts denken, fühlen oder tun, wer sind wir dann? Deshalb ist es ständig damit beschäftigt, impulsiv und sofort auf externe Reize, wie beispielsweise den Text, den du gerade liest, zu reagieren. Es versucht sofort den Sachverhalt zu verstehen, Schlüsse zu ziehen und sie mit deinem (weniger wahren) Selbstbild abzugleichen. Dadurch werden wiederum Emotionen ausgelöst, die ebenfalls sofort (unbewusst) verarbeitet werden.

Wir wollen Bewusstheit im Folgenden als die weitestgehende Annäherung an das wahre Selbst bezeichnen. Je bewusster du also bist, desto eher wird dir der innere Dialog (Interpretation und Verarbeitung deiner Emotionen und Gedanken) auffallen, den du ständig führst, wenn du mit externen Reizen konfrontiert wirst. Du wirst somit zu einem bewussten Beobachter deines Selbst. Bist du hingegen unbewusst, behält dein weniger wahres Selbst die Oberhand. Statt deine Gedanken und Emotionen zu beobachten, bewusst zu interpretieren und zu verarbeiten, reagierst du weiterhin impulsiv. Dadurch identifizierst du dich mit deinem weniger wahren Selbst, also deinen nicht bewusst wahrgenommenen Gedanken, Emotionen und Handlungen.

Unser wahres Selbst charakterisiert sich durch Selbsterkenntnis und die bewusste Reaktion auf interne Impulse (Gedanken und Emotionen), die durch externe Reize hervorgerufen werden. Es ist wichtig, innezuhalten, um dies zu erkennen und den Teufelskreis der unbewussten, impulsiven Reaktion auf Gedanken und Emotionen zu beenden. Das Innehalten ermöglicht es unserem Selbst, Gedanken und Emotionen aus einer gewissen Distanz zu beobachten. Dadurch können wir sie bewusst interpretieren, verarbeiten und adäquat darauf reagieren.

Schritt 3: Nähere dich deinem wahren Selbst an

"Der Verstand kann uns sagen, was wir unterlassen sollen, aber das Herz kann uns sagen, was wir tun müssen." Mit diesem Zitat hebt der französische Essayist und Moralist Joseph Joubert sehr prägnant hervor, dass wir uns häufig von den falschen Dingen leiten lassen. "Verstand" ist hierbei nicht als analytisches Werkzeug, sondern als unbewusste, impulsive Reaktion auf Gedanken und Gefühle zu verstehen. Um den für uns richtigen Weg zu erkennen, dürfen wir uns nicht nur auf unseren Verstand verlassen, sondern müssen unserem wahren Selbst (metaphorisch: "das Herz") folgen.

Wir haben das wahre Selbst bisher wie folgt definiert: Das wahre Selbst ist das Resultat aus unserem Inneren (Persönlichkeitseigenschaften, Talente, Werte, innere Haltung, Bedürfnisse), externen Reizen und den sich daraus ergebenden internen Impulsen (Gedanken und Emotionen) sowie unserer Selbsterkenntnis und der daraus resultierenden bewussten Reaktion auf interne Impulse. Dies ist eine praktische weltliche Definition. Sie hilft, den Begriff des wahren Selbst grundlegend zu verstehen und die Reise zum wahren Selbst anzutreten. Für ein umfassenderes Verständnis ist diese Definition jedoch nicht ausreichend. Um wirklich zu verstehen, was es bedeutet, den Weg des wahren Selbst zu beschreiten und welche ungemeinen Auswirkungen dies auf uns selbst und die Welt hat, müssen wir einen Schritt weitergehen.

Wenn du dich noch nicht mit Spiritualität beschäftigt und/oder noch keine entsprechenden Erfahrungen in dieser Richtung gemacht hast, wird das Folgende möglicherweise schwer nachvollziehbar für dich sein. Weißt du damit an dieser Stelle nichts anzufangen, empfehle ich dir, einfach weiterzulesen und so viel mitzunehmen, wie du kannst. Alternativ kannst du dieses Buch auch beiseitelegen und zu einem späteren Zeitpunkt weiterlesen.

Darunter, was das wahre Selbst wirklich ist, versteht jeder Mensch etwas anderes. Es gibt verschiedene Erklärungen und Theorien aus unterschiedlichen Bereichen, wie zum Beispiel Psychologie oder Spiritualität.

Grundlegend wird das wahre Selbst als ein Sein-Zustand bezeichnet, der über unser weltliches Dasein hinausgeht. Dieser Zustand geht mit einem Gefühl der Erleuchtung einher. Im Prinzip strebt danach jeder Mensch, da es sich hierbei um eine Art andauernde Glückseligkeit handelt.

Manche Menschen erhoffen sich diese Glückseligkeit aus einer Beziehung, andere von materiellem Erfolg und wieder andere aus dem Glauben an eine Religion. Im Buddhismus wird das Erwachen durch eine fundamentale und befreiende Einsicht in die Grundtatsachen allen Lebens ermöglicht, wodurch man das weltliche Leiden überwindet. Im Christentum erlangt man durch den Eintritt ins Paradies Erleuchtung. Der Kapitalismus verspricht Glückseligkeit durch die Maximierung des Profits.

Ich möchte mich im Folgenden auf keine der vorhandenen Theorien festlegen, sondern dir eine praktische, alltagstaugliche Definition auf Basis meiner eigenen Erfahrungen liefern. Bitte sei dir bewusst, dass ich hierbei keinen Anspruch auf absolute Wahrheit oder Allgemeingültigkeit erhebe. Ich möchte dir lediglich ein Hilfsmittel an die Hand geben, um dich selbst und die Welt besser zu verstehen und ein selbstbestimmtes, glückliches sowie nach deinen eigenen Maßstäben erfolgreiches Leben zu führen.

Es gibt ein materielles und ein immaterielles Sein. Das materielle Sein bezieht sich auf die materielle Welt, die aus Beziehungen, Arbeit, Nahrungsaufnahme usw. besteht. Das immaterielle Sein bezieht sich auf etwas, das über die materielle Welt hinausgeht und das wir uns bildlich nicht vorstellen können. Deshalb ist es auch nicht möglich, das immaterielle Sein zu beschreiben. Manche nennen es Universum, andere Transzendenz, Paradies oder Nirvana. In jedem Fall unterscheidet sich das immaterielle Sein grundlegend vom materiellen Sein und kann niemals vollständig erreicht oder verstanden werden, solange wir uns im materiellen Sein befinden. Dennoch gibt es eine teilweise Überschneidung zwischen dem immateriellen und materiellen Sein.

Immaterielles und materielles Sein

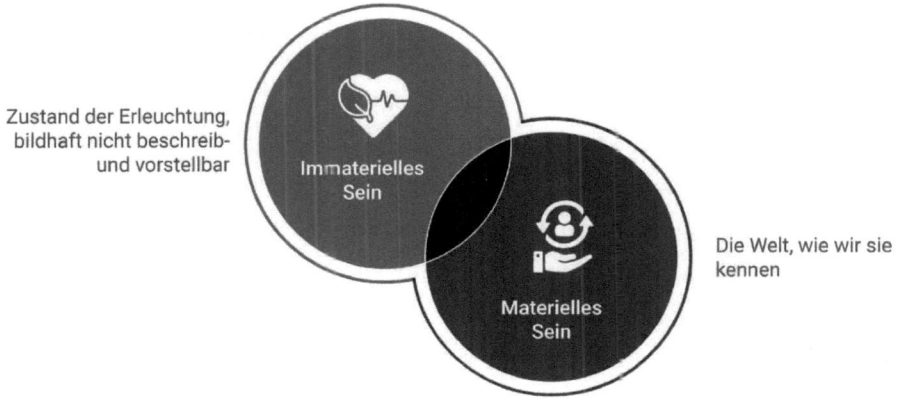

Aus dem immateriellen Sein kommt unser Geist. Unser Körper ist die physische Form, durch die wir in der materiellen Welt erscheinen und die unseren Geist enthält. Da wir aus unserem Geist und unserem Körper bestehen, haben wir Zugang zum materiellen Sein und bis zu einem gewissen Grad auch zum immateriellen Sein. Unser Körper bindet unseren Geist jedoch an die materielle Welt.

Körper und Geist im materiellen Sein

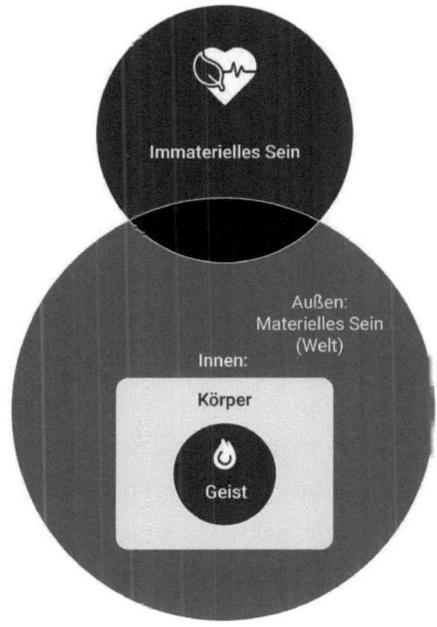

Das, was wir als unser Selbst bezeichnen, ist, wie wir uns als Individuum wahrnehmen. Die Betonung liegt hierbei auf *Wahrnehmen*. Wir nehmen uns selbst auf eine gewisse Art und Weise wahr, die sich davon, wer wir wirklich sind, unterscheiden kann. Das wahre Selbst, also wer wir wirklich sind, ist die vollständige Übereinstimmung unseres Selbst mit dem immateriellen Sein. Da wir durch unseren Körper an das materielle Sein gebunden sind, können wir unser wahres Selbst niemals vollständig erreichen. Wir können uns diesem nur weitestgehend annähern. Diese Annäherung ist der größte Grad, den wir an Erleuchtung oder Glückseligkeit erlangen können. Dies ist der Weg des wahren Selbst. Die Lebensaufgabe eines jeden Menschen besteht darin, diesen Weg für sich zu entdecken und zu beschreiten.

Den Weg des wahren Selbst zu gehen, führt nicht nur zu einer Verbesserung des Lebens für den Einzelnen, sondern sorgt dafür, dass die Welt sich insgesamt verbessert. Je mehr Menschen diesen Weg beschreiten, desto besser wird die Welt. Die Voraussetzung für diese Theorie ist, dass das wahre Selbst eines jeden Menschen grundsätzlich gut ist.

Jeder Mensch kann den Weg des wahren Selbst beschreiten. Hierzu benötigt man keine besonderen Fähigkeiten. Alles, was wir dazu brauchen, ist die Erkenntnis, dass ein Leben abseits des wahren Selbst zu Leid führt. Wir brauchen das Bewusstsein, dass der Weg des wahren Selbst die weitestgehende Überwindung des Leidens darstellt, sowie die Fähigkeit, an den Weg des wahren Selbst glauben zu können oder vielmehr davon überzeugt zu sein. Erfüllen wir diese Voraussetzungen, werden wir die Reise zu unserem wahren Selbst ganz automatisch antreten.

Wenn ich von Erleuchtung spreche, meine ich damit keinen andauernden euphorischen Glückszustand oder dass jegliches Leid gänzlich verschwindet. Vielmehr handelt es sich dabei um einen Zustand, der von erhöhter innerer Gelassenheit und Selbstvertrauen gekennzeichnet ist. Das Vertrauen in sich selbst und den Weg, den man geht, ist so groß, dass Probleme, Sorgen und Leid als Bestandteile des Weges akzeptiert werden, die im Prinzip irrelevant sind. Wenn man diesen Zustand erreicht, hält er jedoch nicht automatisch für immer an. Wir müssen den Weg des wahren Selbst kontinuierlich gehen und jede Sekunde unseres Lebens als Möglichkeit hierfür betrachten. Je weiter wir uns unserem wahren Selbst annähern, desto intensiver wird der Zustand der Erleuchtung. Leid rückt immer weiter in den Hintergrund und wir finden Erfüllung in unserem Sein und Tun.

Um die Reise zu unserem wahren Selbst zu beginnen, müssen wir von unserem Istzustand, also unserem (weniger wahren) Selbst ausgehen. Wie wir bereits gesehen haben, basiert unser Selbst auf unseren Persönlichkeitseigenschaften, Talenten, Werten, unserer inneren Haltung und unseren Bedürfnissen bzw. auf unserer eigenen Wahrnehmung davon. Im Folgenden werden wir auf die einzelnen Bestandteile unseres Selbst näher eingehen.

Persönlichkeitseigenschaften

In der Psychologie wird die Persönlichkeit eines Menschen durch die Gesamtheit seiner Persönlichkeitseigenschaften, also den individuellen Besonderheiten in der körperlichen Erscheinung und in den Regelmäßigkeiten des Verhaltens und Erlebens definiert. Die Persönlichkeitspsychologie nennt zudem fünf Persönlichkeitsfaktoren, die allen Menschen in unterschiedlicher Ausprägung innewohnen, die sogenannten Big Five: Offenheit gegenüber neuen Erfahrungen, Gewissenhaftigkeit, Extraversion, Verträglichkeit und Neurotizismus. Dies sind sozusagen die Oberkategorien der Persönlichkeit. Diesen Faktoren werden weitere Persönlichkeitseigenschaften bzw. Unterkategorien der Persönlichkeit zugeordnet.

- **Offenheit gegenüber neuen Erfahrungen** beschreibt eine geistige Dimension, die zwischen einfallsreichen, kreativen Menschen und bodenständigen, konventionellen Menschen unterscheidet. Diesem Faktor zugeordnete Persönlichkeitseigenschaften sind u. a. Einbildungskraft, künstlerisches Interesse oder Abenteuerlust.
- **Gewissenhaftigkeit** beschäftigt sich mit der Art, wie wir unsere Impulse kontrollieren, regulieren und steuern. Persönlichkeitseigenschaften, die diesem Faktor zugeordnet werden, sind beispielsweise

Kompetenz, Pflichtbewusstsein oder Leistungsstreben.
- **Verträglichkeit** bezieht sich auf die individuellen Unterschiede für die Bereitschaft zur Kooperation für die soziale Harmonie. Menschen mit stark ausgeprägter Verträglichkeit ist es wichtig, sich mit anderen zu verstehen. Vertrauen, Altruismus oder Kooperation werden diesem Faktor zugeordnet.
- **Neurotizismus** beschreibt die Tendenz zu negativen Gefühlen, wie zum Beispiel Angst, Wut oder Empfindlichkeit.
- **Extraversion** beschreibt das ausgeprägte Engagement mit der Außenwelt und umfasst unter anderem die Eigenschaften Freundlichkeit, Geselligkeit und Durchsetzungsvermögen.

Talente

Talente tragen zu einer besonderen Leistungsfähigkeit einer Person auf einem bestimmten Gebiet bei. Es handelt sich hierbei also nicht um Fähigkeiten, die durch erlerntes Wissen oder Übung erworben werden, sondern um ein angeborenes Potenzial. Dadurch kann eine Person in einem bestimmten Bereich verhältnismäßig schnell Fortschritte machen und ein überdurchschnittliches Leistungsniveau erreichen.

Werte

Werte bezeichnen erwünschte Eigenschaften oder Qualitäten, die Ideen, Idealen, Handlungsmustern oder dem Charakter zugeschrieben werden. Beim ökonomischen Handeln ist es das Ziel, eine höchstmögliche materielle betriebliche *Wertschöpfung* zu erzielen, während es beim ethischen Handeln um das Schaffen *ideeller Werte* geht. Je nachdem, ob die Wertzuschreibung durch Einzelne, Gruppen oder eine ganze Gesellschaft erfolgt und ob sie als objektive Erkenntnis oder subjektive Haltung verstanden wird, kann sich die Bedeutung des Wertbegriffs verändern. Zudem können Werte weitergegeben und verändert werden.

In anderen Worten sind Werte die Zuweisung eines bestimmten Wertes von Objekten der Vorstellung oder Wahrnehmung. Beispiele für Werte in Bezug auf das Selbst sind Selbstbestimmung, Gerechtigkeit, Loyalität, Zielstrebigkeit oder Optimismus. Ist dir beispielsweise Selbstbestimmung sehr wichtig, weist du einem selbstbestimmten Leben einen hohen Stellenwert bei. Du identifizierst dich also damit, dass du ein selbstbestimmter Mensch bist.

Innere Haltung

Die innere Haltung bezieht sich auf unsere Einstellung oder Gesinnung. Die Psychologie definiert Einstellung als die erfahrungsbasierte Bereitschaft eines Individuums, in bestimmter Weise auf eine Person, Gruppen oder Situationen wertend zu reagieren. Dies kann sich durch Annahmen und Überzeugungen (kognitiv), Gefühle und Emotionen (affektiv) und Verhaltensweisen (verhaltensbezogen) ausdrücken. Vorurteile, Sympathie bzw. Antipathie oder der Selbstwert sind Beispiele für Einstellungen. Als Gesinnung wird die Grundhaltung oder Denkweise eines Menschen bezeichnet, die durch dessen Werte und Moral charakterisiert ist. Einstellung und Gesinnung wirken sich auf unser Verhalten und Handeln aus. In anderen Worten bezieht sich unsere innere Haltung darauf, wie wir uns selbst (innen) und die Welt (außen) sehen und darauf reagieren. Sie hat maßgeblichen Einfluss auf unser Wohlbefinden und (subjektiven) Erfolg. Die innere Haltung ist somit der entscheidende Faktor für den Antritt des Weges des wahren Selbst.

Bedürfnisse

Bedürfnisse beschreiben ein Verlangen, Wünsche, Ansprüche oder häufig etwas zum materiellen Leben Notwendiges. Die Psychologie definiert Bedürfnisse als „Zustand oder Erleben eines Mangels, verbunden mit dem Wunsch, ihn zu beheben". Hierbei wird zwischen empfundenen und tatsächlichen Mängeln unterschieden. Der Begriff der Motivation ist mit Bedürfnissen sinnverwandt. Wenn wir beispielsweise das Bedürfnis haben, eine glückliche Beziehung zu führen, sind wir gleichzeitig motiviert, eine geeignete Partnerin oder einen Partner zu finden. Dies geht in der Regel damit einher, dass wir uns einsam fühlen oder in unserer aktuellen Beziehung unglücklich sind. Wir wollen also einen Mangel beseitigen.

Auf dem Weg des wahren Selbst ist es besonders wichtig, zwischen echten und falschen Bedürfnissen bzw. tatsächlichen und empfundenen Mängeln zu unterscheiden. Echte Bedürfnisse führen in der Regel dazu, dass wir uns unserem wahren Selbst annähern. Geben wir falschen Bedürfnissen nach, entfernen wir uns von unserem wahren Selbst. Zwischen echten und falschen Bedürfnissen unterscheiden zu können, ist zudem ein Zeichen dafür, dass wir auf dem Weg zu unserem wahren Selbst bereits fortgeschritten sind.

Um deinen Istzustand besser zu verstehen, solltest du dich mit den hier beschriebenen Bestandteilen deines Selbst auseinandersetzen. Der beste Weg dazu besteht darin, Erfahrungen zu sammeln, sie bewusst zu interpretieren und zu verarbeiten. Die Interpretation der Erfahrungen und der daraus resultierenden Gedanken und Emotionen kann grundlegend auf drei Arten erfolgen:

- Bewusst interpretierende Beobachtung
- Unterbewusst interpretierende Beobachtung
- Nicht interpretierende Beobachtung

Bewusst interpretierende Beobachtung

Bei der bewusst interpretierenden Beobachtung handelt es sich um eine Analyse, bei der du dein Bewusstsein nutzt, um dich selbst und deine Umwelt besser zu verstehen. Du benutzt hierzu einerseits deinen Verstand (Gedanken) und andererseits dein Herz (Emotionen). Beispielsweise kannst du einen Persönlichkeitstest machen, um deine Persönlichkeitseigenschaften besser kennenzulernen und dich so besser zu verstehen. Du kannst deine größten Talente erkennen, indem du betrachtest, worin du schon immer besonders gut warst oder was dir schon immer sehr leichtfiel. Du kannst dir eine Liste an Werten anschauen und überlegen, welche Werte am ehesten zu dir passen. Du kannst deine innere Haltung analysieren, indem du über sie nachdenkst und sie stichpunktartig oder als Fließtext aufschreibst. Du kannst deine tatsächlichen Bedürfnisse besser verstehen, indem du betrachtest, was dich in der Vergangenheit wirklich erfüllt und was dich nicht zufrieden gemacht hat, obwohl du etwas erreicht hast, das du augenscheinlich wolltest.

Du solltest die Bestandteile deines Selbst allerdings nicht nur mit deinem Verstand, sondern auch mit deinem Herzen beobachten. Fühlen sich die Persönlichkeitseigenschaften, die ein Test ergibt, falsch an, solltest du sie eventuell hinterfragen. Liest du dir den Text über deine innere Haltung durch und hast dabei ein flaues Gefühl im Magen, solltest du überdenken, ob es sich hierbei wirklich um deine innere Haltung handelt. Möglicherweise ist sie stark von externen Faktoren beeinflusst und stimmt nicht mit deinem wahren Selbst überein.

Deine Gedanken und Emotionen können trügerisch sein. Es kann passieren, dass du gedanklich von etwas überzeugt bist, während deine Emotionen etwas anderes sagen. Genauso kann es sein, dass sich etwas richtig anfühlt, deine Gedanken dir aber davon abraten. Es ist außerdem nicht immer einfach, zwischen Gedanken und Emotionen zu unterscheiden. Dies erfordert viel Übung und ist eine lebenslange Aufgabe. Je mehr du die bewusst interpretierende Beobachtung jedoch praktizierst, desto eher wirst du erkennen, was richtig ist und am ehesten deinem wahren Selbst entspricht.

Wir sind es gewohnt, eher mit unserem Verstand und weniger mit unserem Herzen zu arbeiten. Daher ist es ratsam, verstärkt auf deine Emotionen zu achten, zu hinterfragen, warum welche Emotionen auftreten, und zu überlegen, was sie dir sagen wollen. Dein Verstand sollte dir also primär als analytisches Werkzeug dienen, um deine Emotionen und Gedanken besser interpretieren zu können.

Es kann hilfreich sein, dir bei der bewusst interpretierenden Beobachtung vorzustellen, dass du dein Selbst aus einer distanzierten, neutralen Perspektive betrachtest. Dabei bist du nicht wertend oder kritisch, sondern unvoreingenommen. Du hast ganz einfach das Ziel, deinem wahren Selbst so ehrlich wie möglich näherzukommen. Gedanken wie "so talentiert bin ich doch gar nicht", "so etwas kann ich doch nicht wirklich fühlen oder denken" oder "wie kann ich so etwas nur wollen" sind hier fehl am Platz. Wenn sich etwas, das du bei der bewusst interpretierenden Beobachtung über dich herausfindest, wirklich richtig anfühlt, solltest du vorerst davon ausgehen, dass es deinem wahren Selbst entspricht. Ob sich etwas wirklich richtig anfühlt, erkennst du in der Regel daran, dass du tief in dir zwischen deinem Bauch und deiner Brust ein warmes Gefühl hast, das stärker ist als deine oberflächlichen Zweifel.

Unterbewusst interpretierende Beobachtung

Die unterbewusst interpretierende Beobachtung ist eine Methode der Selbstanalyse, bei der du die Arbeit deinem Unterbewusstsein überlässt. Du fütterst dein Unterbewusstsein mit dem, was du über dein Selbst herausfinden willst, indem du dich bewusst damit beschäftigst (bewusst interpretierende Beobachtung). Durch die intensive bewusste Beschäftigung mit deinem Selbst verlagerst du die Fragen, die du dir stellst, automatisch in dein Unterbewusstsein. Dein Unterbewusstsein beschäftigt sich mit diesen Fragen weiterhin, auch wenn du nicht bewusst über sie nachdenkst. So kann dich beispielsweise aus dem Nichts beim Joggen oder Spazierengehen ein überraschender Blitz der Selbsterkenntnis treffen. Dieser ist jedoch nicht zufällig, sondern wurde durch die bewusst interpretierende Beobachtung herbeigeführt.

Um die unterbewusst interpretierende Beobachtung zu fördern, kann es helfen, etwas zu tun, auf das du dich voll und ganz konzentrierst oder bei dem du das bewusste Denken ausschaltest. Gehe spazieren und lass deine Gedanken schweifen. Putze deine Wohnung. Leg dich hin, ohne deinen

Gedanken und Emotionen nachzugehen. Mach ein Nickerchen. Höre Musik und lass dich voll darauf ein. Beschäftige dich mit einem anderen Thema, das deine volle Aufmerksamkeit erfordert. Triff dich mit Freunden. Meditiere. Wichtig ist lediglich, dass du die Fragen, die du beantworten möchtest, vorab durch die bewusst interpretierende Beobachtung in deinem Unterbewusstsein platzierst. Die Erkenntnisse, die dir dein Unterbewusstsein offenbart, solltest du allerdings nicht einfach so stehen lassen. Es empfiehlt sich, sie später durch die bewusst interpretierende Beobachtung erneut zu analysieren. Durch die Kombination dieser beiden Methoden und dem Sammeln weiterer Erfahrungen kommst du deinem wahren Selbst Schritt für Schritt näher.

Nicht interpretierende Beobachtung

Die nicht interpretierende Beobachtung ist weniger ein Analysewerkzeug zur Selbsterkenntnis, sondern eine Methode, um mit deinem wahren Selbst eins zu sein. Dabei versuchst du nicht, etwas über dich herauszufinden oder etwas zu erkennen, du bist einfach nur. Am ehesten kannst du die nicht interpretierende Beobachtung durch eine Form der Meditation praktizieren. Beispielsweise setzt du dich aufrecht mit geradem Rücken auf einen Stuhl. Dabei atmest du nur ein und aus. Das Einatmen erfolgt durch die Nase, das Ausatmen durch den Mund. Beim Einatmen füllt sich dein Bauch, während er sich beim Ausatmen entleert. Du atmest also gezielt so tief wie möglich in deinen Bauch, nicht in deine Brust. Dabei beobachtest du deinen Atem, nimmst ihn bewusst wahr und konzentrierst dich nur auf ihn. Zusätzlich kannst du beim Ausatmen die Muskeln in deinem Beckenboden anspannen. Der Beckenboden umfasst deine Genitalien, deinen Anus und dein Perineum, also den Abschnitt zwischen Genitalien und Anus. Wenn du deinen Beckenboden anspannst, fühlt sich das so ähnlich an, als würdest du deinen Toilettengang unterdrücken. Atmest du ein, entspannst du deinen Beckenboden wieder. Dies ist nur eine Form der Meditation. Selbstverständlich kannst du auch andere Meditationsarten anwenden.

Durch die bewusste Beobachtung deines Atems richtest du deine Aufmerksamkeit auf dein Sein. Du hörst auf, unbewusst irgendwelchen Gedanken nachzuhängen, und bist einfach nur. Wenn Gedanken auftauchen, lässt du dich nicht von ihnen ablenken. Du nimmst wahr, dass sie da sind, beobachtest dann aber wieder deinen Atem.

Es kann passieren, dass dir bei dieser Form der Meditation ein Rauschen in deinem Kopf auffällt. Dies ist ein Zeichen dafür, dass du über viele Dinge nachdenkst und es dir schwerfällt, deine Gedanken abzuschalten. Anfangs kann es dir außerdem passieren, dass du Schwierigkeiten hast, für längere Zeit bewusst deinen Atem zu beobachten, ohne über irgendetwas nachzudenken. Es kann auch vorkommen, dass du sehr emotional wirst, weil unterdrückte Gefühle in dir hochkommen, die du sonst nicht wahrnimmst. Lass dich davon nicht beirren. Übe die nicht interpretierende Beobachtung, indem du deine Atemzüge zählst. Gewöhne dir Routinen an. Beispielsweise kannst du jeden Morgen direkt nach dem Aufstehen oder abends vor dem Schlafengehen meditieren. In der ersten Woche meditierst du für zehn Atemzüge, in der zweiten für 20, in der dritten stellst du dir einen Timer für fünf Minuten usw. Je mehr du die nicht interpretierende Beobachtung in deinen Alltag integrierst, desto leichter wird dir das Meditieren fallen und desto mehr wirst du im Einklang mit deinem wahren Selbst sein.

Die nicht interpretierende Beobachtung hat noch viele weitere Vorteile. Du bist entspannter, machst dir weniger Sorgen und erkennst, dass augenscheinliche Probleme häufig nur in deinem Kopf existieren. Es kann sogar passieren, dass du nach einer gewissen Zeit ein wohliges, warmes Gefühl zwischen deinem Bauch und deiner Brust spürst. Dies ist ein Zeichen dafür, dass du im Einklang mit deinem wahren Selbst bist und dich dem immateriellen Sein annäherst. Wenn du die nicht interpretierende Beobachtung langfristig praktizierst und sie mit der bewusst sowie unterbewusst interpretierenden Beobachtung kombinierst, wirst du dieses Gefühl langfristig aufrechterhalten können. Achte außerdem darauf, dass du die beschriebene Form des tiefen Atmens in deinen Bauch statt in deine Brust kontinuierlich fortführst, beispielsweise auch während du diese Zeilen liest. Du verlagerst deine Aufmerksamkeit dadurch von deinen Gedanken in deinen Körper.

Während du auf diese Art atmest, kannst du ganz normal deinen Alltag bestreiten. Du tust dies nur bewusster und bist mehr mit deinem wahren Selbst im Einklang.

Die bewusst, unterbewusst und nicht interpretierende Beobachtung führt zu einer kontinuierlichen Annäherung an das wahre Selbst

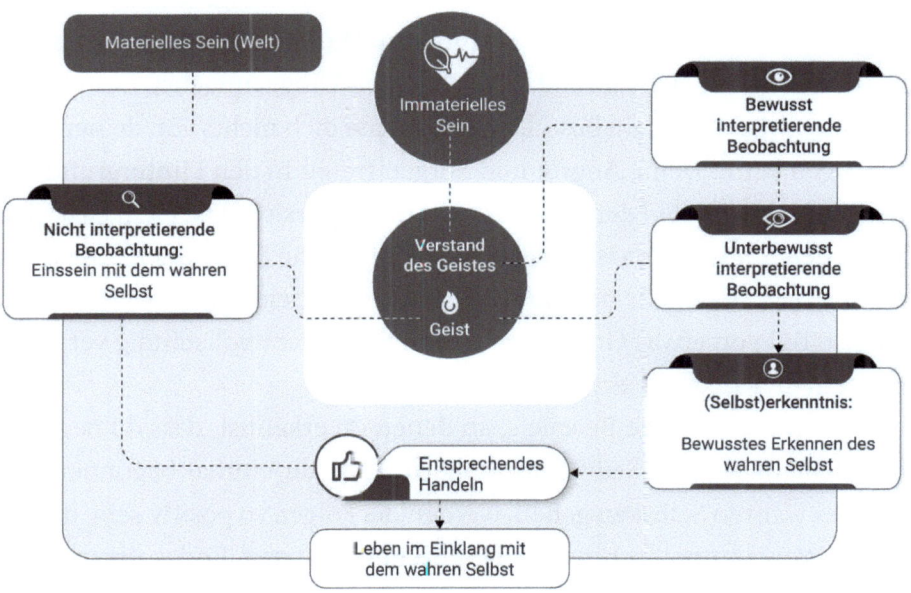

Den Weg des wahren Selbst zu beschreiten ist kein Aufruf, sich völlig vom materiellen, weltlichen Sein zu distanzieren. Im Gegenteil. Durch die bewusste Einbeziehung des immateriellen Seins in unser Leben verbessern wir unser weltliches Dasein maßgeblich. Der Grund für unser Leiden besteht darin, dass wir uns häufig zu sehr auf das materielle Sein konzentrieren, was uns von unserem wahren Selbst entfremdet. Konsum, schnelle Bedürfnisbefriedigung, Arbeit, sozialer Status, Anerkennung, Geld oder Macht sind uns wichtiger als Selbsterkenntnis. Wir glauben zu wissen, wer wir sind und was wir wollen. Doch dies ist häufig ein Trugschluss. Statt dem Weg des wahren Selbst zu folgen, konzentrieren wir uns auf die falschen

Dinge und wundern uns, warum wir leiden. Wir sollten das immaterielle Sein daher bewusst in unser Leben integrieren und im richtigen Maß mit dem materiellen Sein kombinieren. Dadurch erkennen wir den Pfad, der für uns der richtige ist: der Weg des wahren Selbst.

Wenn du diesen Weg beschreitest, wirst du einige Veränderungen bemerken. Du bist zufriedener, erfüllter und hast das Gefühl, eine Aufgabe zu haben. Probleme kommen dir nicht länger als solche vor. Sie werden ganz einfach zu Meilensteinen deines Weges. Du lernst, Dinge, die dir einst wie Tragödien erschienen sind, zu akzeptieren. Die richtigen Dinge passieren dir zur richtigen Zeit, während du die falschen Dinge umgehst. Dein Selbstvertrauen wächst und du hast das Gefühl, dass dich nichts von deinem Weg abbringen kann. Deine Ängste und Sorgen treten in den Hintergrund und machen einem Gefühl der Gelassenheit und Zuversicht Platz. Du hast nicht länger den Eindruck, dass du deinen Gedanken und Emotionen hilflos ausgeliefert bist. Vielmehr bist du es, der die Entscheidungen bewusst trifft. Du bist Teil von etwas Größerem, das du zwar nicht vollständig verstehst, von dem du jedoch weißt, dass es richtig ist.

Dies sind nur einige Beispiele, an denen du erkennst, dass du beginnst, dich deinem wahren Selbst anzunähern. Hast du einmal begonnen, den Weg des wahren Selbst zu gehen, werden die Folgen so positiv sein, dass du diesen Weg automatisch weiter beschreitest. Letzten Endes überwindest du dein weniger wahres Selbst soweit es geht, und erreichst den höchsten Grad an Erleuchtung, der möglich ist, solange sich dein Körper im materiellen Sein befindet.

Schritt 4: Erkenne deine tiefste Wahrheit

"Man kann einen Menschen nichts lehren, man kann ihm nur helfen, es in sich selbst zu entdecken." Das Erkennen der tiefsten Wahrheit geht mit der Annäherung an das wahre Selbst Hand in Hand einher. Wenn wir unsere tiefste Wahrheit erkennen möchten, dürfen wir nicht nach etwas im Außen suchen, sondern müssen das, was bereits in uns vorhanden ist, wiederentdecken. Galileo Galilei bekräftigt dies, wenn er sagt, "man kann einem

Menschen nichts lehren..." (der Versuch, seine tiefste Wahrheit im Außen zu finden), "...man kann ihm nur helfen, es in sich selbst zu entdecken" (das Erkennen der tiefsten Wahrheit in sich selbst).

Die tiefste Wahrheit beruht auf unserem wahren Selbst. Sie fasst die Grundlage unserer Motivation zusammen und ist mit unserem Lebenssinn gleichzusetzen. Durch die fortwährende Annäherung an unser wahres Selbst kommen wir gleichzeitig auch unserer tiefsten Wahrheit Schritt für Schritt näher. Mit Hilfe der im vorigen Kapitel beschriebenen Beobachtungsarten lernen wir unser wahres Selbst immer besser kennen. Wir verstehen unsere Persönlichkeit besser, erkennen, worin unsere wahren Talente liegen und was uns wirklich wichtig ist. Je länger und intensiver wir den Weg des wahren Selbst beschreiten, desto näher kommen wir auch unserer tiefsten Wahrheit, also unserem Lebenssinn. Es kann hilfreich sein, dir bestimmte Fragen zu stellen, die dir das Erkennen deiner tiefsten Wahrheit erleichtern:

Was macht deine Persönlichkeit aus (Persönlichkeitseigenschaften)?

- Bist du grundsätzlich offen für neue Ideen und neugierig oder eher bodenständig?
- Bist du besonders ehrgeizig und pflichtbewusst oder eher gelassen, was Leistungserbringung angeht?
- Fällt es dir leicht, mit anderen Menschen in Kontakt zu treten, oder brauchst du länger, um mit anderen warm zu werden?
- Bist du optimistisch und durchsetzungsstark oder eher empfindlich?

Worin warst du schon immer besonders gut bzw. was ist dir schon immer besonders leichtgefallen (Talente)?

- Fällt es dir leicht, empathisch auf andere einzugehen?
- Bist du besonders sportlich?
- Hast du ein überdurchschnittliches Kommunikationstalent?
- Bist du mathematisch begabt?

Was war dir schon immer besonders wichtig (Werte)?
- Sind dir Selbstbestimmung und Freiheit wichtiger als Sicherheit?
- Sind Gerechtigkeit und Loyalität erstrebenswerter als persönlicher Erfolg?
- Ist es gut, den Status Quo infrage zu stellen oder sollte man Etabliertes akzeptieren?
- Schreibst du Selbstdisziplin groß oder lässt du dich gerne gehen?

Wie ist deine innere Haltung beschaffen (innere Haltung)?
- Hast du grundsätzlich eine eher positive oder negative Einstellung?
- Wenn du etwas Neues ausprobierst, gehst du davon aus, dass du es schaffst oder nicht?
- Vertraust du dir selbst und deiner Umwelt oder bist du eher skeptisch und vorsichtig?
- Wie gehst du mit Rückschlägen um?

Wofür hattest du schon immer eine natürliche Motivation (echte Bedürfnisse/Motivation)?
- Gab es schon immer etwas, das du unbedingt wolltest?
- Etwas, bei dem es dir nie sonderlich schwerfiel, dich zu motivieren?
- Konnten andere deine Motivation und dein Streben möglicherweise nicht nachvollziehen?
- Ist es etwas, das du gerne realisieren möchtest?

Wenn du dir solche Fragen im Rahmen der bewusst und unterbewusst interpretierenden Beobachtung stellst und entsprechende Erfahrungen sammelst, wird sich irgendwann deine tiefste Wahrheit, dein Lebenssinn, herauskristallisieren. Du kannst allerdings noch einen Schritt weitergehen:

- Gibt es ein Ereignis in deinem Leben, das dich nachhaltig geprägt hat?
- War es positiv oder negativ?
- War das Ereignis eine so positive Erfahrung für dich, dass du sie anderen ebenfalls ermöglichen möchtest?

- Hat sich das Ereignis so negativ auf dich ausgewirkt, dass du anderen Menschen diese Erfahrung ersparen möchtest?

Die tiefste Wahrheit bzw. dein Lebenssinn umfasst in der Regel deine tiefste Motivation. Du solltest deshalb in deiner Vergangenheit nach Ereignissen suchen, die dich nachhaltig geprägt haben. Solche Ereignisse wirken sich in der Regel stark auf unsere Motivation aus. Gibt es solch ein Ereignis in deinem Leben, solltest du dich fragen, inwiefern es sich auf dich ausgewirkt hat:

- Was hat sich dadurch verändert?
- Welche Emotionen und Gedanken weckt es in dir, wenn du darüber nachdenkst?
- Inwiefern wirken sich diese Emotionen und Gedanken auf dein Verhalten und Empfinden aus?

Du kannst deiner tiefsten Wahrheit durch die bewusst und unterbewusst interpretierende Beobachtung näherkommen. Ob es sich dabei tatsächlich um deinen Lebenssinn handelt, musst du jedoch erspüren. Es empfiehlt sich hierfür, die nicht interpretierende Beobachtung einzusetzen. Hast du dich intensiv genug mit deinem Selbst auseinandergesetzt, entsprechende Erfahrungen gesammelt und dir die richtigen Fragen gestellt, gelangst du irgendwann an einen Punkt, an dem du mit der bewussten Selbstanalyse nicht mehr weiterkommst. Dann solltest du tief in dich gehen und darauf hören, was dein Herz dir sagt. Achte darauf, welche Emotionen sich in dir breitmachen. Richte deine Aufmerksamkeit auf die Stelle zwischen deinem Bauch und deiner Brust. Wenn du ein warmes Gefühl der Überzeugung und Sicherheit spürst, kannst du davon ausgehen, dass du auf dem richtigen Weg bist. Lass dich dabei nicht von möglichen Zweifeln, die durch deine Gedanken hervorgerufen werden, verunsichern. Achte darauf, was stärker ist - das warme Gefühl der Überzeugung und Selbstsicherheit zwischen deinem Bauch und deiner Brust oder deine gedanklichen Zweifel.

Bist du an diesem Punkt angelangt, solltest du einen Schritt zurücktreten und innehalten. Beschäftige dich vorerst nicht mehr zu intensiv mit der Suche nach deiner tiefsten Wahrheit. Lass die gewonnenen Erkenntnisse sacken. Beobachte in den darauffolgenden Tagen und Wochen, welche Emotionen und Gedanken du hast:

- Bleibt das warme Gefühl der Selbstsicherheit und Überzeugung in deiner Brust erhalten oder kommt es wieder?
- Bemerkst du, dass dich deine Erkenntnis motiviert?
- Denkst du automatisch darüber nach, wie du deine Erkenntnis in die Tat umsetzen könntest?
- Spürst du ein Kribbeln der Aufregung und Vorfreude bei dem Gedanken loszulegen?

Dies sind in der Regel Zeichen dafür, dass du auf der Suche nach deiner tiefsten Wahrheit richtig liegst. Nimm dir erneut die Zeit, dich mit deiner gewonnenen Erkenntnis bewusst auseinanderzusetzen. Achte dabei auf deine Gedanken und Emotionen. Irgendwann wirst du an einen Punkt gelangen, an dem du emotional und gedanklich wirklich von deiner tiefsten Wahrheit überzeugt bist. Dann hast du deinen Lebenssinn erkannt. Dies bemerkst du in der Regel daran, dass deine innere Überzeugung langfristig stärker ist als deine sonstigen gedanklichen Ängste und Zweifel. Du wirst erkennen, dass deine gedanklichen Zweifel in diesem Fall nicht echt sind. Sie werden durch dein weniger wahres Selbst hervorgerufen, das stark von externen Reizen beeinflusst und daran gewöhnt ist, impulsiv auf Gedanken und Emotionen zu reagieren. Im Zweifel erfolgt diese impulsive Reaktion in Form von Angst und Unsicherheit.

Schritt 5: Formuliere deine Vision

"Kein Mensch beginnt zu sein, bevor er seine Vision empfangen hat." Dieses Zitat der Ojibwa, eines nordamerikanischen Indianerstamms, verdeutlicht die Relevanz einer Vision für ein selbstbestimmtes, glückliches und nach eigenen Maßstäben erfolgreiches Leben. Unsere tiefste Wahrheit oder unser Lebenssinn basiert auf unserem wahren Selbst. Aus unserer tiefsten Wahrheit können wir eine Vision ableiten. Es handelt sich hierbei um ein übergeordnetes Leitbild, das uns ein Leben lang und darüber hinaus den Weg weist, den wir gehen müssen. Unsere Vision gibt einen idealen Zielzustand in der Zukunft vor, der zwar erstrebenswert ist, im Normalfall aber niemals gänzlich erreicht werden kann (zumindest solange wir uns im materiellen Sein befinden). Eine Vision ist daher eher das Mittel zum Zweck eines selbstbestimmten, glücklichen und erfolgreichen Lebens. Es geht also darum, die Vision als Ankerpunkt zu nutzen, um dem Weg des wahren Selbst dauerhaft zu folgen. Nicht erst die Realisierung unserer Vision führt demnach zu einem selbstbestimmten und glücklichen Leben, sondern das Beschreiten des Weges des wahren Selbst.

Wenn du deine tiefste Wahrheit erkannt hast, ist das Formulieren einer Vision nicht mehr sonderlich schwierig. Achte darauf, dass sie klar und prägnant formuliert ist. Sie sollte zudem motivierend wirken. Zusammengefasst: Deine Vision sollte deinen Lebenssinn eindeutig auf den Punkt bringen und so formuliert sein, dass sie dich antreibt.

Ein Beispiel:

Aus der bewusst und unterbewusst interpretierenden sowie der nicht interpretierenden Beobachtung meines Selbst und meiner Erfahrungen hat sich folgende Erkenntnis für mich ergeben:

Wenn ein Mensch sich dazu öffnet, sein wahres Selbst so weit wie möglich zu erkennen, und bereit ist, sein Leben an dieser Erkenntnis auszurichten, hat er die Möglichkeit, ein wahrhaft selbstbestimmtes, glückliches und nach eigenen Maßstäben erfolgreiches Leben zu führen, sein volles Potenzial zu entfalten und die Welt zum Besseren zu verändern. Dadurch kann ein Mensch jedes Hindernis überwinden und selbst scheinbar unmögliche Dinge möglich machen. Wenn mehr Menschen dieses Wissen bzw. diese innere Haltung hätten und es tatsächlich anwenden würden, würde die Welt zu einem (noch) besseren Ort werden.

Dies ist meine tiefste Wahrheit. Daraus habe ich folgende Vision abgeleitet:

Jeder Mensch hat die Möglichkeit, ein selbstbestimmtes, glückliches und nach eigenen Maßstäben erfolgreiches Leben auf Basis seines wahren Selbst zu führen, dadurch sein volles Potenzial zu entfalten und die Welt zum Besseren zu verändern.

Schritt 6: Komm ins Handeln

"Noch schöner als Visionen zu haben ist, sie zu verwirklichen". Es ist kein einfacher Prozess, sich auf die Reise zu seinem wahren Selbst zu begeben und seine tiefste Wahrheit zu erkennen. Wir sind es gewohnt, unseren Fokus auf das materielle Sein zu richten und eher impulsiv oder nur teilweise bewusst zu handeln. Dies ist nicht unbedingt unsere Schuld. Vielmehr wachsen wir in der Überzeugung auf, dass dies richtig ist. Bemerken wir jedoch, dass diese Lebensweise nicht zu Selbstbestimmung, Glück und subjektivem Erfolg führt, liegt es sehr wohl in unserer Verantwortung, etwas zu ändern. Hier beginnt der Weg des wahren Selbst.

Die Annäherung an unser wahres Selbst, das Erkennen unserer tiefsten Wahrheit und das Formulieren einer Vision auf dieser Grundlage sind jedoch nur der Anfang. Um ein wahrhaft selbstbestimmtes, glückliches und nach eigenen Maßstäben erfolgreiches Leben zu führen, müssen wir den Weg des wahren Selbst dauerhaft gehen und versuchen, der Realisierung unserer Vision Zeit unseres Lebens so nah wie möglich zu kommen. Hierzu müssen wir Taten folgen lassen. Die österreichische Philosophin, Autorin und Dozentin Lisz Hirn hebt dies in dem eingangs erwähnten Zitat sehr deutlich hervor, wenn sie davon spricht, "Visionen... zu verwirklichen". Auch wenn wir unsere Vision im materiellen Sein wahrscheinlich niemals gänzlich verwirklichen können, sollten wir es dennoch so weit wie möglich versuchen.

Es empfiehlt sich, hierfür konkrete Ziele aus unserer Vision abzuleiten und sie nach und nach in die Tat umzusetzen. In meinem Fall besteht ein konkretes Ziel darin, dieses Buch zu veröffentlichen und dadurch das Wissen um das wahre Selbst so vielen Menschen wie möglich zugänglich zu machen. Außerdem habe ich mir vorgenommen, immer genug Zeit für meine Freunde, Familie und Partnerin zu haben und stets für sie da zu sein, wenn sie mich brauchen.

Solche Ziele sind im Gegensatz zu einer häufig etwas abstrakten Vision recht konkret und deshalb einfacher umzusetzen. Es gibt qualitative und quantitative Ziele. Das Ziel, immer genug Zeit für meine Freunde, Familie und Partnerin zu haben und stets für sie da zu sein, ist eher qualitativer Natur. Es lässt sich schwer messen. Ein Erfolgsindikator sind mein subjektives Empfinden und das Feedback, das ich erhalte. Das Ziel, dieses Buch zu schreiben und zu veröffentlichen, ist hingegen messbar. Es ist deshalb quantitativer Natur. Die Veröffentlichung des Buchs zu einem bestimmten Zeitpunkt ist ein guter Erfolgsindikator. Es empfiehlt sich, quantitative Ziele nach Möglichkeit SMART zu formulieren:

Spezifisch: Das Ziel sollte präzise und eindeutig formuliert werden (z. B. "Ich schreibe ein Buch über positive Psychologie und Selbsterkenntnis.")

Messbar: Es sollte einen messbaren Erfolgsindikator geben (z.B. Ich schreibe ein Buch über positive Psychologie und Selbsterkenntnis und veröffentliche es.")

Attraktiv: Das Erreichen des Ziels sollte attraktiv sein. Wenn du es von deiner Vision ableitest, ist es das automatisch, da es dadurch mit deinem wahren Selbst übereinstimmt (z.B. "Ich schreibe ein Buch über positive Psychologie und Selbsterkenntnis, das Menschen hilft, ein selbstbestimmtes, glückliches und erfolgreiches Leben zu führen, und veröffentliche es.")

Realistisch: Das Ziel sollte nicht utopisch, sondern realistisch sein. Es nützt nichts, wenn du dir Ziele setzt, die du niemals erreichen kannst. Achte hierbei nicht nur auf deine Motivation, sondern auch auf deine Möglichkeiten, Talente, Persönlichkeitseigenschaften, Werte usw., kurz: dein wahres Selbst. Plane im Idealfall außerdem mögliche Hindernisse mit ein (z.B.

"Ich schreibe jede Woche mindestens fünf Seiten für ein Buch über positive Psychologie und Selbsterkenntnis, das Menschen hilft, ein selbstbestimmtes, glückliches und erfolgreiches Leben zu führen, und veröffentliche es.")

Terminiert: Es sollte einen konkreten Zeitpunkt geben, an dem du dein Ziel erreichen willst (z.B. "Ich schreibe jede Woche mindestens fünf Seiten für ein Buch über positive Psychologie und Selbsterkenntnis, das Menschen hilft, ein glückliches, selbstbestimmtes und erfolgreiches Leben zu führen, und veröffentliche es zu Zeitpunkt X.")

Die SMARTe Zielsetzung kommt aus der Betriebswirtschaft. Je eher du deine Ziele SMART formulierst, desto einfacher kannst du deinen (subjektiven) Erfolg und damit den Grad der Realisierung deiner Vision messen. Abhängig von deiner Persönlichkeit gibt es verschiedene Wege, die Wahrscheinlichkeit der Zielerreichung zu erhöhen. Hast du deine tiefste Wahrheit wahrhaftig erkannt und deine Ziele von deiner Vision abgeleitet, ist dies bereits ein enorm guter Ausgangspunkt. Du kannst deine Ziele zudem (hand)schriftlich festhalten und irgendwo platzieren, wo du sie regelmäßig siehst. Außerdem kannst du dir deine Ziele jeden Morgen nach dem Aufstehen und jeden Abend vor dem Schlafengehen laut vorlesen. Dir vorzustellen, wie es sich anfühlt, deine Ziele zu erreichen und welche positiven Auswirkungen dies auf dich und deine Umwelt hat, kann auch hilfreich sein.

Je komplexer deine Ziele sind, desto weiter solltest du sie in kleinere Etappenziele herunterbrechen. In unserem Beispiel erscheint das Schreiben von fünf Seiten pro Woche bereits deutlich machbarer als die Veröffentlichung eines ganzen Buches zu einem weit in der Zukunft liegenden Zeitpunkt. Ein guter Weg, um dauerhaft motiviert zu bleiben, besteht des Weiteren darin, dich selbst zu belohnen, wenn du deine Etappenziele erreichst. Die Belohnung kann beispielsweise in Form eines Urlaubs oder eines Abendessens in deinem Lieblingsrestaurant erfolgen. Ob dir solche Belohnungen helfen, musst du selbst entscheiden. Im Idealfall genügt bereits der ernsthafte Versuch, das Ziel zu erreichen (bewusstes Denken, Fühlen und Handeln), da er dich deinem wahren Selbst näherbringt und somit zu einem selbstbestimmten, glücklichen und erfolgreichen Leben führt.

Schritt 7: Gehe diesen Weg kontinuierlich

"Und jedem Anfang wohnt ein Zauber inne, der uns beschützt und der uns hilft, zu leben." Es ist wichtig zu akzeptieren, dass wir unser wahres Selbst und unsere Vision voraussichtlich niemals vollständig erkennen bzw. realisieren werden, solange wir uns im materiellen Sein befinden. Wir sollten anerkennen, dass bereits das kontinuierliche Beschreiten des Weges des wahren Selbst zu einem selbstbestimmten, glücklichen und subjektiv erfolgreichen Leben führt.

Das Leben ist eine Reise und das Gefühl des gänzlichen Ankommens, das sich so viele von uns wünschen, ist ein Trugschluss. Wenn wir primär danach streben, unsere Vision zu realisieren und unsere Ziele zu erreichen, können wir nur enttäuscht werden. Wir sollten unser Leben deshalb als Abenteuer betrachten, das uns vor immer neue Herausforderungen stellt. Diese Herausforderungen sollten wir nicht infrage stellen, sondern dankend annehmen und als Chance sehen, unserem wahren Selbst näherzukommen. In dem Moment, in dem wir glauben, alles zu verstehen und am Ziel angelangt zu sein, sollten wir uns wieder bereit zum Aufbruch machen. Unser Dasein ist ein unergründliches Geheimnis. Und genau darin liegt der Zauber. Wenn wir etwas erkennen oder erreichen, fühlen wir uns, als hätten wir eine Stufe überschritten. Doch nach dieser Stufe kommt die nächste und wir wissen nicht, welche Geheimnisse sie für uns bereithält. Wir sollten uns dem öffnen, was kommt, und bereit sein, unserem Lebensruf zu folgen, wenn er uns ereilt.

Was wäre das auch für ein Leben, das wir vollständig begreifen und das keine Geheimnisse mehr für uns bereithalten würde? Wenn wir alles durchschauen würden und vollkommen zufrieden wären, welche Motivation hätten wir noch, überhaupt etwas zu tun? Gerade die Ungewissheit macht das Leben so spannend. Wir sollten deshalb lernen, ein gewisses Maß an Ungewissheit wertzuschätzen. Wir müssen begreifen, dass wir uns in einem ständigen Prozess der Veränderung befinden. Genauso verhält es sich mit unserem Selbst und unserer tiefsten Wahrheit.

Dies bedeutet nicht, dass deine Erfahrungen und Erkenntnisse keine Gültigkeit hätten oder du nicht versuchen solltest, deine Vision zu realisieren. Es bedeutet vielmehr, dass du nicht davon ausgehen darfst, es sei damit getan, deine tiefste Wahrheit zu erkennen und eine Vision zu formulieren. Dir sollte bewusst sein, dass du die hier beschriebenen Schritte wieder und wieder gehen musst, wenn du dich deinem wahren Selbst konsequent annähern willst. Du solltest zu einem fortwährenden Beobachter deiner Selbst werden. Übe dich darin, den Ungewissheiten des Lebens offen gegenüberzustehen und sie willkommen zu heißen. Sei stets bereit zum Aufbruch, während du gleichzeitig deine Erkenntnisse verinnerlichst und deinen Weg zielgerichtet anhand deiner Vision gehst. Dadurch lernst du dich immer besser kennen und beginnst mehr und mehr auf die Stimme deines wahren Selbst zu vertrauen.

Hermann Hesse hat dies in seinem 1941 erschienen Gedicht Stufen mehr als treffend formuliert:

> Wie jede Blüte welkt und jede Jugend
> Dem Alter weicht, blüht jede Lebensstufe,
> Blüht jede Weisheit auch und jede Tugend
> Zu ihrer Zeit und darf nicht ewig dauern.
> Es muß das Herz bei jedem Lebensrufe
> Bereit zum Abschied sein und Neubeginne,
> Um sich in Tapferkeit und ohne Trauern
> In andre, neue Bindungen zu geben.
> Und jedem Anfang wohnt ein Zauber inne,
> Der uns beschützt und der uns hilft, zu leben.
> Wir sollen heiter Raum um Raum durchschreiten,
> An keinem wie an einer Heimat hängen,
> Der Weltgeist will nicht fesseln uns und engen,
> Er will uns Stuf' um Stufe heben, weiten.
> Kaum sind wir heimisch einem Lebenskreise
> Und traulich eingewohnt, so droht Erschlaffen;

Nur wer bereit zu Aufbruch ist und Reise,
Mag lähmender Gewöhnung sich entraffen.
Es wird vielleicht auch noch die Todesstunde
Uns neuen Räumen jung entgegen senden,
Des Lebens Ruf an uns wird niemals enden,
Wohlan denn, Herz, nimm Abschied und gesunde!

Der Weg des wahren Selbst (ausführlich)

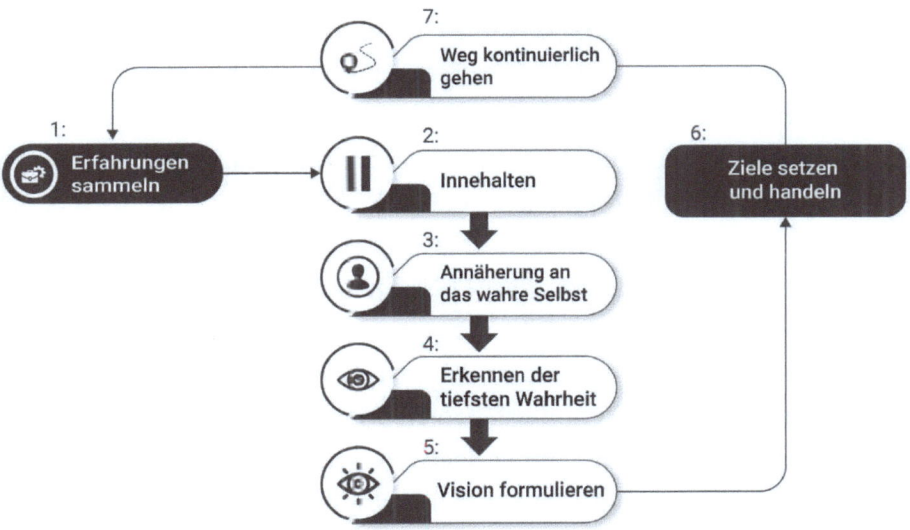

Erkenntnisse für dein Leben

Du kannst viele verschiedene Lebenswege wählen, es gibt jedoch nur einen, der für dich persönlich der beste ist: Der Weg des wahren Selbst. Der Weg des wahren Selbst ist dabei nicht als ultimative Wahrheit zu verstehen, sondern lediglich als Entscheidung. Du entscheidest dich bewusst, an diesen Weg zu glauben und ihn zu gehen. Damit übernimmst du die Verantwortung für ein selbstbestimmtes, glückliches und nach deinen eigenen Maßstäben erfolgreiches Leben. Der Weg des wahren Selbst besteht aus sieben Schritten. Zuerst sammelst du Erfahrungen. Dadurch erkennst du, was mehr und was weniger mit deinem wahren Selbst übereinstimmt. Indem du innehältst und beobachtest, wie sich die Erfahrungen auf dich auswirken, erkennst du nach und nach deine tatsächlichen Persönlichkeitseigenschaften, Talente, Werte, innere Haltung und Bedürfnisse. Hierfür gibt es drei Beobachtungsarten: die bewusst interpretierende Beobachtung, die unterbewusst interpretierende Beobachtung und die nicht interpretierende Beobachtung. So kristallisiert sich langsam, aber sicher der richtige Weg für dich heraus. Aus deinem wahren Selbst leitest du deine tiefste Wahrheit ab, die deinen Lebenssinn und damit die Grundlage deiner Motivation umfasst. Um deine tiefste Wahrheit zu erkennen, kannst du zudem nach einem Ereignis in deiner Vergangenheit Ausschau halten, das dich nachhaltig geprägt hat. Auf der Grundlage deiner tiefsten Wahrheit formulierst du eine Vision, die dir als übergeordnetes Leitbild dient und zielführend sowie motivierend wirkt. Sie hilft dir außerdem, konkrete Ziele zu definieren, die dich deiner Vision näherbringen. Dadurch kommst du ins Handeln. Du gehst den Weg des wahren Selbst. Der letzte Schritt besteht darin, diesen Weg immer wieder aufs Neue zu gehen. Es geht nicht darum, deine Vision zu erreichen, sondern es zu versuchen. Dadurch näherst du dich deinem wahren Selbst fortwährend an und beschreitest den richtigen Weg. Du wirst zu einem fortwährenden Beobachter deiner Selbst, der seine Erkenntnisse praktisch in die Tat umsetzt und in sein Leben integriert. Diese Art der Lebensführung resultiert in einem Leben, das von deutlich mehr Selbstbestimmung, Glück und Erfolg geprägt ist.

Anmerkung:

Der Weg des wahren Selbst ist nichts, das erreicht oder vollendet werden kann. Deshalb auch das Wort *Weg*. Es geht darum, den Weg zu *gehen*. Dennoch ist es wichtig, den Weg zielgerichtet zu beschreiben. Deshalb ist eine Vision sinnvoll. Sie bietet Orientierung, wenn wir drohen, uns zu verirren. Es klingt paradox, doch wir sollten versuchen, unsere Vision im Einklang mit unserem wahren Selbst in dem Wissen zu realisieren, dass dies voraussichtlich nicht vollumfänglich möglich ist. Wir streben also nach etwas, ohne uns von dessen Realisierung allzu sehr abhängig zu machen. Wir sollten demnach versuchen, das, was zur Realisierung unserer Vision nötig ist, nach Kräften so gut wie möglich zu tun. Die Qualität unseres bewussten Denkens, Fühlens und Handelns sollte im Mittelpunkt unserer Aufmerksamkeit stehen, nicht notwendigerweise die Qualität der Ergebnisse. Die Annahme besteht darin, dass die Ergebnisse sich langfristig an unser Denken, Fühlen und Handeln anpassen werden. Die Ergebnisse werden also positiv sein, wenn unser Denken, Fühlen und Handeln bewusst sind. Wir gehen außerdem davon aus, dass das wahre Selbst eines jeden Menschen grundsätzlich gut ist. Beschreiten wir den Weg unseres wahren Selbst, profitieren davon nicht nur wir, sondern die gesamte Welt.

Dies bedeutet nicht automatisch, dass jegliches Leid gänzlich verschwindet. Unser persönliches Leid und das Leid auf der Welt werden dadurch nur weniger. Einerseits, weil wir bewusst dagegen vorgehen. Andererseits, weil wir lernen, notwendiges Leid nicht länger als solches zu sehen, sondern vielmehr als relevanten Bestandteil unseres Weges. Trauer ist nicht zwangsläufig schlecht und Freude ist nicht unbedingt gut. Es ist unsere bewusste Reaktion auf unser Denken und Fühlen, die den Unterschied macht.

Die fünf Pfeiler des wahren Selbst

Wir haben gesehen, dass unser Selbst auf unseren Persönlichkeitseigenschaften, Werten, Talenten, unserer inneren Haltung und unseren Bedürfnissen basiert. Unser wahres Selbst ist durch Selbsterkenntnis sowie die bewusste Reaktion auf unsere Emotionen und Gedanken gekennzeichnet. Um den Weg des wahren Selbst antreten zu können, müssen wir drei Voraussetzungen erfüllen:

- Die Erkenntnis, dass unbewusstes Denken, Fühlen und Handeln abseits unseres wahren Selbst zu Leid führen.
- Die Einsicht, dass Selbsterkenntnis und ein bewusstes Denken, Fühlen und Handeln im Einklang mit dem wahren Selbst die Lösung für unser Leiden darstellt.
- Die Akzeptanz, dass wir die Freiheit haben, zu entscheiden, wie wir auf interne Impulse (Gedanken und Emotionen) reagieren, die durch externe Reize ausgelöst werden.

Erfüllen wir diese drei Voraussetzungen, können wir den Weg des wahren Selbst beginnen: Erfahrungen sammeln, einen Schritt zurücktreten und innehalten, sich dem wahren Selbst annähern, die tiefste Wahrheit erkennen, eine Vision formulieren, ins Handeln kommen und diesen Weg kontinuierlich gehen.

Treten wir die Reise zu unserem wahren Selbst an, werden wir auf unserem Weg verschiedene Lebensbereiche erkennen. Völlig unabhängig davon, wie unser wahres Selbst beschaffen ist oder an welchem Teil der Reise wir uns befinden, gibt es bestimmte Lebensbereiche, die in Bezug auf ein selbstbestimmtes, glückliches und erfolgreiches Leben für uns alle wichtig sind.

Es gibt in der Literatur verschiedene Modelle, die diese Lebensbereiche beschreiben. Je nach Modell werden unterschiedliche Bereiche dargestellt, die sich nach Art und Anzahl unterscheiden. Ich beziehe mich im Folgenden auf die *Fünf Säulen der Identität* des deutschen Psychologen Hilarion Petzold. Wir sprechen jedoch nicht länger von Lebensbereichen oder Säulen, sondern den Pfeilern des wahren Selbst.

Die fünf Pfeiler des wahren Selbst

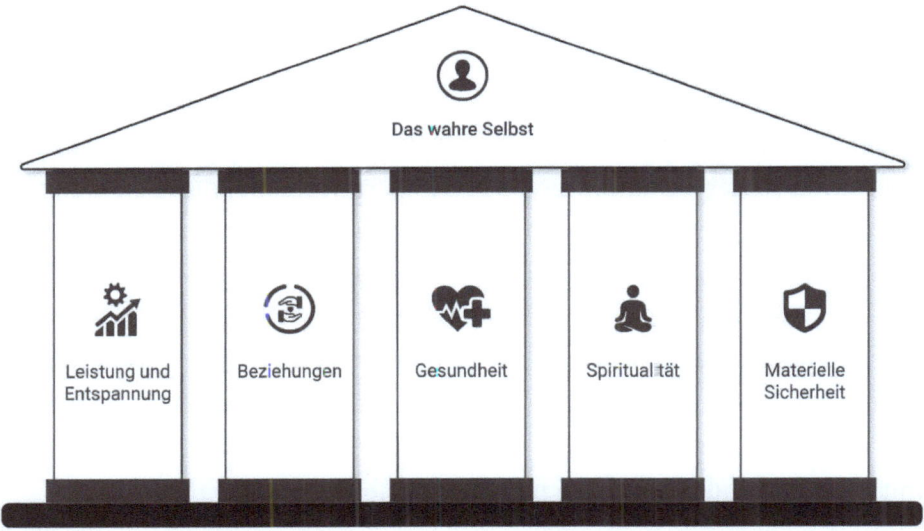

Das Modell verdeutlicht, dass unser wahres Selbst sich auf jeden dieser Pfeiler stützt. Deshalb werden wir alle Pfeiler im Folgenden ausführlich betrachten.

Alle Pfeiler sollten gepflegt werden.

Warum es wichtig ist, alle Pfeiler zu pflegen und dafür zu sorgen, dass sie sich langfristig im Ausgleich befinden, schildert das folgende Beispiel.

Kurz nachdem sie einen lang ersehnten Job bei einer renommierten Marketing-Agentur begann, verabredete sich eine junge Frau Mitte Zwanzig mit jemandem, den sie mittels einer Dating-App kennengelernt hatte. Sie hatte sich nicht allzu viel erhofft. Auf den Bildern und beim Schreiben machte er zwar den Eindruck, als könnte er genau ihr Typ sein, allerdings war sie beim Online-Dating schon so häufig enttäuscht worden, dass sie die Hoffnung beinahe aufgegeben hatte. Doch wider jede Erwartung sah ihr Date beim ersten Treffen sogar noch besser aus als auf den Bildern und war so höflich, charmant und einfühlsam, dass sie sich in kürzester Zeit Hals über Kopf verliebte. Weil es quasi Liebe auf den ersten Blick war und sich die beiden auf Anhieb so gut verstanden, wie sie es noch nie zuvor erlebt hatten, ließen sie sich schnell auf eine Beziehung ein. Sie wurden nicht enttäuscht. Je länger sie zusammen waren, desto wohler fühlten sie sich und desto besser schien es zu laufen. Die junge Frau verbrachte bald jede freie Minute mit ihrem Freund. Sie reisten viel, gingen essen, machten Ausflüge und genossen das Leben. Weil sie den Job in der Marketing-Agentur erst begonnen hatte, es viel zu tun gab und Überstunden dort normal waren, blieb ihr neben ihrer Beziehung und der Arbeit kaum Zeit für etwas anderes. Doch das störte sie nicht weiter. Sie genoss ihr Leben und fühlte sich mit ihrer Beziehung und dem neuen Job voll ausgelastet.

Nach einer Weile änderte sich dies jedoch. Es begann mit einem seltsamen Gefühl irgendwo zwischen Bauch und Brust, das sie nicht recht zuordnen konnte. Zuerst ignorierte sie es und machte mit ihrem Leben weiter wie bisher: Viel Arbeit, Beziehung, gutes Essen und Trinken, Reisen und Sex. Doch das seltsame Gefühl des Unwohlseins verschwand nicht. Es nahm sogar zu. Wellenartig wurde es stärker und ließ dann wieder nach, war aber immer spürbar. Als bei einem Arztbesuch keine körperlichen Probleme festgestellt werden konnten, begann sie darüber nachzudenken, was sich in ihrem Leben verändert hatte, seit das besorgniserregende Gefühl aufgetaucht war.

Kurz nachdem sie ihren Freund kennengelernt hatte und mit ihm zusammengekommen war, ging es ihr so gut wie noch nie zuvor. Auch der neue Job machte ihr Spaß. Sie fühlte sich für eine gewisse Zeit erfüllt. Zugegeben, die vielen Überstunden, der Zeitdruck und die hohen Kundenerwartungen, kombiniert mit dem verhältnismäßig mageren Gehalt, hatten begonnen, ihr etwas zu schaffen zu machen. Bei den ganzen Ausgaben für die vielen Reisen, das Essen und die gemeinsamen Ausflüge traute sie sich manchmal gar nicht, einen Blick auf ihr Konto zu werfen. Doch das würde sich irgendwann bestimmt automatisch einpendeln. Auch beim morgendlichen Blick in den Spiegel war sie nicht mehr so glücklich über das, was sie sah. Sie hatte außerdem den Eindruck, dass ihr ein psychischer Ausgleich fehlte. Auch ihre beste Freundin hatte sie in den letzten Monaten sträflichst vernachlässigt. Ihr fehlten die tiefgehenden Gespräche über Themen, die sie mit ihrem Freund nicht diskutieren konnte.

Interpretieren wir die Geschichte der jungen Frau. Sie konzentriert sich primär auf zwei Lebensbereiche: ihre Karriere (Leistung) und ihre Beziehung. Das ist nachvollziehbar, da dies die Bereiche in ihrem Leben sind, in denen sie sich am wenigsten erfüllt fühlt. Daher geht sie davon aus, dass sich ihr Leben am meisten verbessern wird, wenn sie sich auf diese Bereiche fokussiert. Ihr Fokus bringt ihr den gewünschten Erfolg in Form eines passenden Jobs (Leistung) und ihres Freundes (Beziehung). Sie ist für eine gewisse Zeit erfüllt und zufrieden. Doch weil sie sich ausschließlich auf diese zwei Lebensbereiche konzentriert, vernachlässigt sie die anderen Pfeiler ihres Selbst. Dadurch verwandelt sich das anfängliche Gefühl der Erfüllung nach einiger Zeit in Unausgeglichenheit. Sie bemerkt zwar, dass sie sich gestresst fühlt, weil sie so viel arbeitet, und dass sie durch die vielen Reisen und anderen Aktivitäten mit ihrem Freund zu viel Geld ausgibt. Allerdings bringt sie dies nicht mit dem Gefühl des Unwohlseins in Verbindung. Stattdessen geht sie zum Arzt, weil sie annimmt, dass es eine körperliche Ursache für ihr Unwohlsein gibt. Als der Arzt keine körperlichen Probleme feststellt, beginnt sie sich zu fragen, was sich in ihrem Leben geändert hat, seit es ihr weniger gut geht. Erst dadurch werden ihr wichtige Lebensaspekte bewusst, die sie vernachlässigt hat, seit sie den neuen Job und ihre Beziehung begonnen hat: regelmäßiger Sport, gesunde Ernährung, anregende Gespräche mit ihrer besten Freundin und ein vernünftigeres Verhalten bei finanziellen Angelegenheiten. Sie beginnt sich zu fragen, ob diese Vernachlässigung der Grund für ihr Unwohlsein ist.

Genau wie der jungen Frau geht es vielen von uns. Wir fokussieren uns zu sehr auf einzelne Pfeiler unseres Selbst.

Nicht nur einzelne Pfeiler stützen unser Selbst.

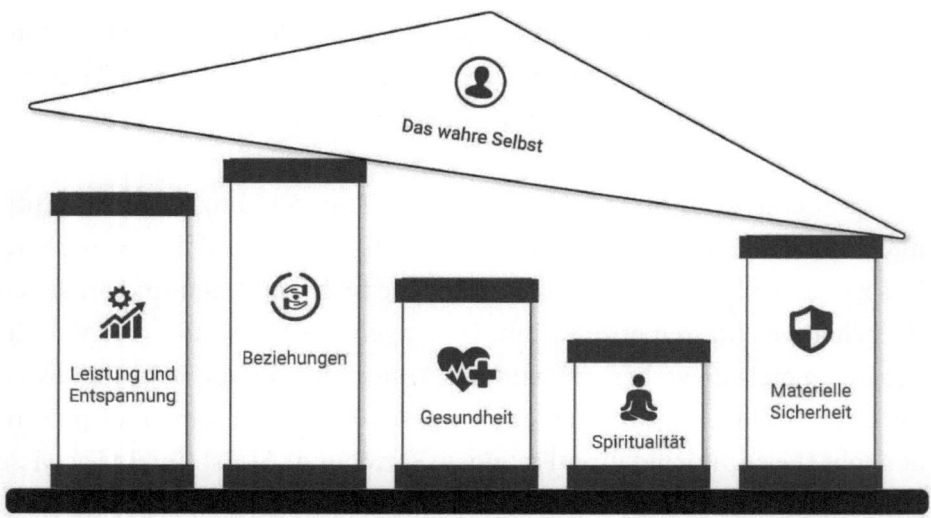

Wenn wir bestimmte Bereiche unseres Selbst zu lange vernachlässigen, werden wir unausgeglichen. Die tragenden Pfeiler können unser Selbst nicht länger ausreichend stützen. Diese Unausgeglichenheit äußert sich in negativen Emotionen und Gedanken wie Unwohlsein, Unruhe oder dem Eindruck, dass etwas nicht stimmt. Uns ist nicht bewusst, dass unser eigenes Verhalten zu unserem Leiden beiträgt. Wollen wir ein selbstbestimmtes, glückliches und nach unseren eigenen Maßstäben erfolgreiches Leben führen, müssen wir alle Pfeiler unseres Selbst pflegen. Verzichten wir über einen zu langen Zeitraum hinweg darauf, brechen wir früher oder später zusammen wie ein Kartenhaus.

Die regelmäßige Beobachtung aller Pfeiler unseres Selbst hilft uns, langfristig ausgeglichen zu sein. Der Weg des wahren Selbst ist der Schlüssel hierfür. Im Rahmen der bewusst interpretierenden Beobachtung können wir beispielsweise für jeden der Pfeiler des Selbst Punkte vergeben. Wir sollten uns regelmäßig Zeit nehmen und beobachten, ob sich die Pfeiler im Ausgleich befinden. Ist dies nicht der Fall, sollten wir uns solange auf die Pfeiler konzentrieren, die hinterherhinken, bis sie wieder auf einem Niveau mit den anderen sind. Das bedeutet nicht, dass alle Pfeiler immer genau auf einer Ebene stehen müssen. Je nachdem, an welchem Abschnitt unseres Weges wir uns befinden, werden andere Pfeiler in den Fokus rücken. Langfristig sollte es jedoch unser Ziel sein, alle Pfeiler in der Form zu pflegen, dass unser gesamtes Selbst wächst und wir unserem wahren Selbst näherkommen.

Der temporäre Fokus auf einzelne Pfeiler kann sinnvoll sein.

Langfristig ist es wichtig, darauf zu achten, dass sich alle Pfeiler unseres Selbst im Ausgleich befinden. Es kann jedoch sinnvoll sein, sich temporär bewusst auf einzelne Pfeiler zu fokussieren. Dies erläutern wir am Beispiel eines jungen Mannes Ende Zwanzig, der nach einer längeren depressiven Phase langsam wieder zurück ins Leben findet.

Nach dem Abitur schaffte der junge Mann es nicht, sich für einen bestimmten Weg zu entscheiden. Also beschloss er, zur Überbrückung als Lagermitarbeiter zu jobben. Diese Zeit beabsichtigte er zu nutzen, um herauszufinden, was er wollte. Aus Wochen wurden Monate und aus Monaten bald mehr als ein Jahr. Er wollte es sich nicht eingestehen, doch allmählich wurde der junge Mann mit seinem Leben immer unzufriedener. Irgendwann hielt er es schließlich nicht mehr aus und kündigte seinen Job.

Er hatte genug Geld angespart, um sich eine Weile über Wasser zu halten. Allerdings wusste er noch immer nicht, was er mit seinem Leben anfangen sollte. Diese Ungewissheit machte ihm schwer zu schaffen. Auch in Beziehungsangelegenheiten lief es nicht gut. Der junge Mann hatte mit Frauen bisher nur sehr begrenzte und enttäuschende Erfahrungen gesammelt. Die negativen Erlebnisse, kombiniert mit seiner Unsicherheit in Bezug auf sich als Person und sein Leben, machten es ihm schwer, mit jemandem intim zu werden. Er verfiel mehr und mehr in eine Abwärtsspirale. Er begann Jobs, für die er eigentlich viel zu intelligent war und die er nach kurzer Zeit wieder kündigte, rauchte und trank viel Alkohol. Immer mehr negative Gedanken und Emotionen machten sich in ihm breit. Es gab zwar Phasen, in denen er viel Sport machte und sich gesund ernährte, doch sie waren meist nur von kurzer Dauer. Er schaffte es einfach nicht, sich langfristig für etwas zu motivieren. Immer wieder begann er Projekte, für die er kurzzeitig Feuer und Flamme war. Doch diese Euphorie hielt nie lange an. Deshalb begann er, mehr und mehr an sich zu zweifeln. Langsam und schleichend verfiel er in eine Depression. Es gab immer wieder Momente, in denen er aus seiner Abwärtsspirale erwachte und neue Hoffnung zu schöpfen schien. Doch seine Depression holte ihn immer wieder ein. Es schien wie ein Teufelskreis, aus dem er einfach nicht ausbrechen konnte. Es gab eine gute, lebensbejahende und eine schlechte, lebensverneinende Stimme, die sich gegenseitig in ihm bekämpften. Auch wenn die schlechte Stimme meist die Oberhand behielt, versuchte die gute Stimme immer wieder, sich laut zu machen.

Weil er nach Erklärungen für sein Schicksal suchte, beschäftigte sich der junge Mann mit Philosophie und Psychologie. Er las Bücher von Friedrich Nietzsche, Arno Gruen, Erich Fromm oder Arthur Schopenhauer. Einerseits halfen ihm diese Bücher, sich selbst besser zu verstehen, und gaben ihm Kraft. Andererseits bekräftigten sie ihn teilweise in seinen negativen Gedanken und Emotionen. Nachdem er bald Jahre so zugebracht und keinen Ausweg aus seiner Lage gefunden hatte, begann er mit härteren Drogen zu experimentieren. Er hoffte, dass sie ihm als eine Art therapeutisches Heilmittel aus seiner Depression helfen würden. Trotz anfänglicher Erfolge mit MDMA, Speed, Ketamin oder Ritalin merkte er bald, dass Drogen nicht die Lösung für seine Probleme waren.

Weil er keinen anderen Ausweg mehr sah, beschloss der junge Mann, zu einem Therapeuten zu gehen. Dagegen hatte er sich bislang immer gewehrt, weil der Gedanke, dass eine vollkommen fremde Person die Macht hatte, über seine psychische Gesundheit zu urteilen, ihm Angst machte. Dennoch überwand er seine Zweifel und vereinbarte einen Termin mit einem Therapeuten. Doch seine Befürchtungen wurden bestätigt. Nach dem Ersttermin bekam er die Rückmeldung, dass der Therapeut nichts für ihn tun könne und er sich besser eine Suchtberatung suchen solle. Trotzdem gab er nicht auf und suchte nach weiteren Therapeuten. Doch auch dort fand er keine wirkliche Hilfe. Ihm behagte das Gefühl einfach nicht, sich einem fremden Menschen emotional komplett auszuliefern, während diese Person nichts über sich preisgab. Mit diesem ungleichen Machtverhältnis kam er nicht zurecht.

In den letzten Jahren hatte sich das Weltbild des jungen Mannes mehr und mehr verfinstert. Weder Literatur noch seine Versuche der Selbsttherapie mit Drogen oder Therapeuten konnten ihm helfen. Dennoch schien sich etwas in ihm verändert zu haben. Er meldete sich in einem Fitnessstudio an und begann wieder zu trainieren. Vor seiner Depression hatte er bereits regelmäßig über einige Jahre hinweg trainiert. Wegen eines unerklärlichen Rückenschmerzes hatte er das Training allerdings immer wieder beendet. Aus Angst davor, seinen Rücken dauerhaft zu verletzen, hatte er es irgendwann gänzlich abgeschrieben. Doch dieses Mal konnte er ohne Schmerzen trainieren. Das Training erfüllte ihn und gab ihm großes Selbstvertrauen. Deshalb setzte er seinen ganzen Fokus darauf. Über diesen Bereich, Krafttraining, hatte er die alleinige Kontrolle. Es lag in seiner Verantwortung zu entscheiden, ob er zum Training ging oder nicht, wie oft und hart er trainierte und wie konzentriert er war.

Nachdem der junge Mann durch seine Erfolge im Krafttraining neues Selbstvertrauen gesammelt hatte, beschloss er nun auch seine Karriere voranzutreiben. Er setzte sich damit auseinander, was er karrieretechnisch eigentlich wollte. Dabei betrachtete er seine Talente, Vorlieben und Abneigungen. Schließlich traf er die Entscheidung, eine Ausbildung als Softwareentwickler zu beginnen. Nachdem er einige Bewerbungen verschickt hatte, wurde er schnell zu mehreren Vorstellungsgesprächen eingeladen. Bald darauf bekam er eine Zusage. Motiviert durch diese unerwarteten Erfolge, öffnete der junge Mann sich langsam auch wieder dem sozialen Leben. Er begann, in Bars zu gehen und wieder mehr mit seinen Freunden zu machen. Eines Abends überwand er sich sogar, an einem Karaokeabend in einem Irish Pub auf einer Bühne aufzutreten. Dort lernte er im weiteren Verlauf des Abends eine junge Frau kennen, mit der er sich sehr gut verstand. Die beiden blieben in Kontakt und verabredeten sich nach einer Weile miteinander. Aus dieser Bekanntschaft entwickelte sich seine erste Beziehung.

Der junge Mann blühte förmlich auf und befreite sich innerhalb kürzester Zeit aus der Abwärtsspirale, in der er sich die letzten Jahre befunden hatte. In den nächsten Monaten setzte er seinen Fokus weiterhin auf das Training im Fitnessstudio, seine Ausbildung und seine Beziehung. Obwohl die anfänglich schnellen Erfolge und die damit einhergehende Euphorie mit der Zeit weniger wurden, behielt er seine Motivation bei. Langsam aber sicher entwickelte er sich in jedem der Bereiche weiter. In seine Depression fiel der junge Mann nicht mehr zurück.

Analysieren wir die Geschichte des jungen Mannes. Nach dem Abitur kann er sich nicht entscheiden, welche Richtung er karrieretechnisch einschlagen möchte. Also beschließt er, zur Überbrückung als Lagermitarbeiter zu jobben, bis er klarer sieht. Aus Wochen werden Monate, und bald darauf erkennt der junge Mann, dass er nicht schlauer geworden ist. Im Gegenteil, eine große Unzufriedenheit hat sich in ihm breitgemacht. Er kündigt seinen Job. Doch statt sich mit seinem Selbst auseinanderzusetzen, beginnt er immer wieder kurzzeitig neue Projekte und Gelegenheitsjobs, die nicht zu ihm passen. Er flüchtet vor seinem wahren Selbst. Als er bemerkt, dass es ihm immer schlechter geht, setzt er sich mit psychologischer und philosophischer Literatur auseinander. Er hofft, dort eine Erklärung für sein Schicksal zu finden. Indem er sich mit diesen Themen beschäftigt, beginnt er, sich seinem Selbst anzunähern.

Die Selbsterkenntnis des jungen Mannes reicht jedoch noch nicht aus, um ins bewusste Denken, Fühlen und Handeln zu kommen. Er beginnt weiterhin neue Projekte mit großem Elan, nur um sie kurze Zeit später wieder abzubrechen. Eine philosophische Idee jagt die nächste. Immer wieder findet er neue Erklärungen und scheinbare Lösungen, die er jedoch schnell wieder verwirft. Dennoch gibt er nicht auf und versucht weiterhin, durch die Entwicklung seiner Spiritualität eine Lösung für seine Probleme zu finden.

Fokus: Spiritualität

Der junge Mann fokussiert sich primär auf den Pfeiler Spiritualität. Anfangs schöpft er daraus Kraft. Nach und nach bemerkt er jedoch, dass er so keine weiteren Fortschritte macht. Er beginnt deshalb, mit Drogen als eine Art therapeutisches Heilmittel zu experimentieren und zu Psychotherapeuten zu gehen. Dies hat zwar nicht den gewünschten Effekt, dennoch verändert sich im Laufe dieses Prozesses etwas in ihm und er fängt nach langer Zeit wieder mit dem Training im Fitnessstudio an. Er ist von seinen Erfolgen im Training motiviert und erkennt, dass er darauf direkten Einfluss hat. Deshalb fokussiert er sich auf diesen Bereich und beschließt, dort sein volles Potenzial auszuschöpfen.

Fokus: Gesundheit und Leistung (Training)

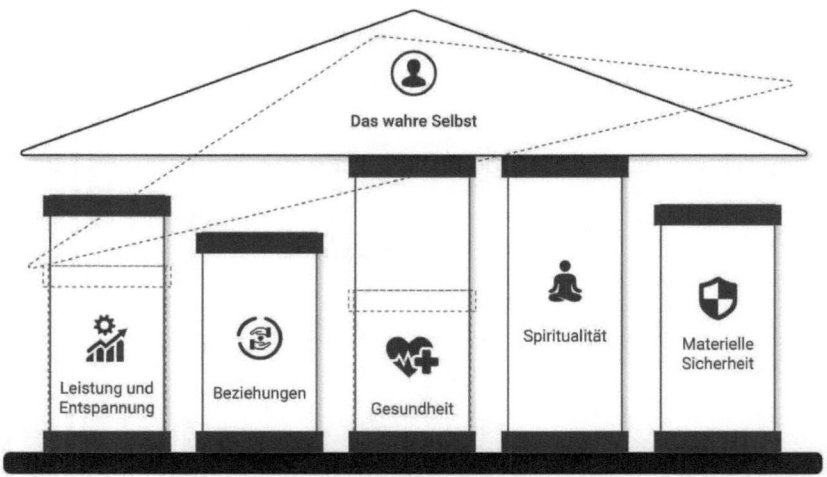

Motiviert von seiner stabiler werdenden geistigen Gesundheit und seinen Erfolgen im Krafttraining, setzt sich der junge Mann mit seiner Karriere auseinander. Er beschließt, eine Ausbildung als Softwareentwickler zu machen und bewirbt sich so lange, bis ihm ein geeigneter Ausbildungsplatz angeboten wird.

Fokus: Leistung (Karriere)

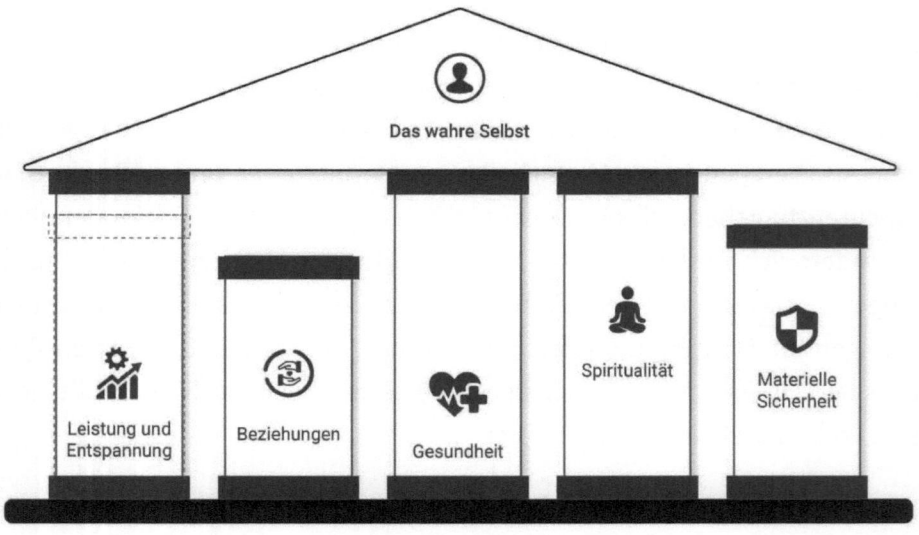

Die Verlagerung der Aufmerksamkeit auf unterschiedliche Pfeiler seines Selbst und die damit einhergehenden Erfolge geben dem jungen Mann Selbstvertrauen. Davon angespornt, öffnet er sich langsam auch wieder dem sozialen Leben. Er setzt sich über seine Ängste vor Intimität hinweg, lernt eine junge Frau kennen und lässt sich auf eine Beziehung mit ihr ein.

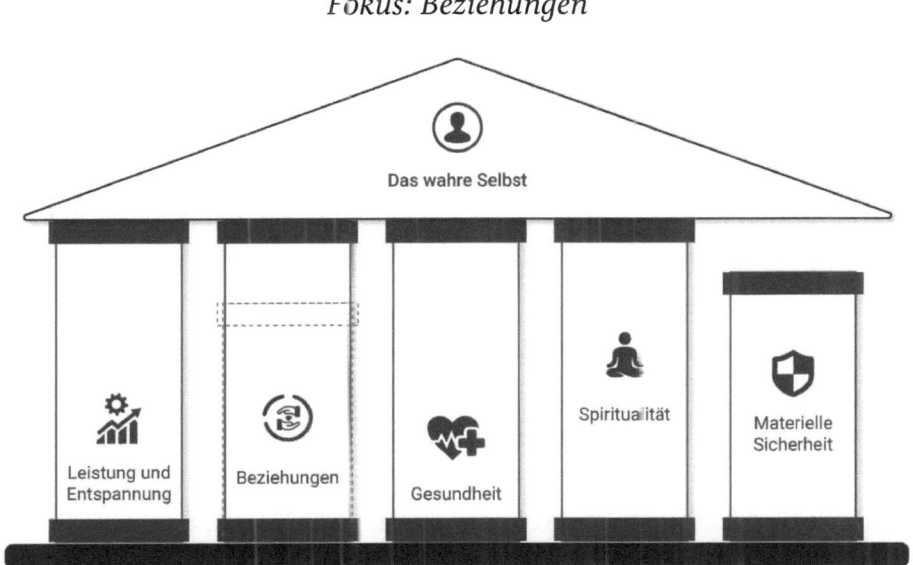

Das Geheimnis liegt in der Kombination zwischen Ausgeglichenheit und Fokus.

Vernachlässigen wir bestimmte Lebensbereiche zu lange, werden sie mehr und mehr zu Schwachstellen. Wir neigen dazu, uns noch mehr auf die ohnehin schon starken Bereiche zu konzentrieren und hoffen, dass sie unsere Schwachstellen irgendwie ausgleichen. Doch das funktioniert nur für eine gewisse Zeit. Irgendwann bricht unser Selbst zusammen. Damit wir unser Selbst wieder aufrichten und stabilisieren können, sollten wir uns temporär auf die Pfeiler fokussieren, die wir vernachlässigt haben. Dabei kann es durchaus sinnvoll sein, einen Pfeiler nach dem anderen in Angriff zu nehmen, wie wir am Beispiel des jungen Mannes gesehen haben. Wir sollten den Fokus allerdings nur so lange auf einzelne Pfeiler richten, bis sie sich wieder im Ausgleich mit den anderen befinden. Herrscht ein ungefähres Gleichgewicht, sollten wir alle Pfeiler unseres Selbst dauerhaft stabilisieren und weiterentwickeln.

Es ist ein fortwährender Balanceakt, dieses Gleichgewicht langfristig aufrechtzuerhalten. Außerdem ist ein hohes Maß an Selbsterkenntnis notwendig, um zu erkennen, wann es sinnvoll ist, einzelne Pfeiler zu priorisieren. Als Indikator hierfür sollten wir unser wahres Selbst verwenden. Je näher wir unserem wahren Selbst kommen, desto mehr wird unsere Lebenszufriedenheit steigen. Nimmt sie ab, sollten wir nach möglichen Gründen suchen. Möglicherweise haben wir einige Pfeiler unseres Selbst zu lange vernachlässigt. Es ist wichtig, dies rechtzeitig zu bemerken, um ein Zusammenbrechen unseres Selbst zu verhindern. Hierfür empfiehlt es sich, regelmäßig die bewusst und unterbewusst sowie die nicht interpretierende Beobachtung zu pflegen.

Je nachdem, an welchem Teil des Weges unseres wahren Selbst wir uns befinden, werden bestimmte Pfeiler wichtiger sein als andere. Das Geheimnis eines selbstbestimmten, glücklichen und nach eigenen Maßstäben erfolgreichen Lebens liegt jedoch in der Kombination zwischen Ausgeglichenheit und Fokus. Wir sollten uns deshalb nur in dem Ausmaß auf einzelne Pfeiler unseres Selbst fokussieren, wie es nötig ist, um für langfristige Ausgeglichenheit zu sorgen.

Erkenntnisse für dein Leben

Dein wahres Selbst stützt sich auf fünf Pfeiler: Leistung und Entspannung, Beziehungen, Gesundheit, Spiritualität und materielle Sicherheit. Jeder dieser Pfeiler ist für ein selbstbestimmtes, glückliches und nach deinen eigenen Maßstäben erfolgreiches Leben gleichermaßen wichtig. Deshalb sorgst du dafür, dass sich alle Pfeiler langfristig im Ausgleich befinden und weiterentwickeln. Dadurch wächst dein gesamtes Selbst. Je nachdem, an welchem Punkt deiner Reise du dich befindest, kann es jedoch sinnvoll sein, einzelne Pfeiler zu priorisieren. Inwiefern du welche Pfeiler priorisiert, machst du von deinem wahren Selbst abhängig. Hierzu kannst du die bewusst und unterbewusst sowie die nicht interpretierende Beobachtung nutzen. Deine Vision kann dir außerdem als Leitfaden dienen.

Die fünf Pfeiler des wahren Selbst helfen dir des Weiteren dabei, die von deiner Vision abgeleiteten Ziele besser zu strukturieren. So kannst du dir beispielsweise im Bereich Leistung und Entspannung (z. B. Karriere, Hobbys, Sport oder Freizeit), Beziehungen (z. B. romantische Beziehung oder soziales Umfeld) oder materielle Sicherheit (z. B. Einkommen, Ersparnisse oder Investitionen) Ziele setzen. Die Zuordnung deiner Ziele zu den einzelnen Pfeilern des Selbst macht es dir leichter, für Ausgeglichenheit zu sorgen. So merkst du schnell, ob du dich zu sehr auf einzelne Pfeiler fokussierst bzw. ob die Priorisierung bestimmter Pfeiler sinnvoll ist. Du kannst so außerdem besser erkennen, inwiefern du dich deiner Vision annäherst. Hast du dir die richtigen Ziele in den verschiedenen Pfeilern deines Selbst gesetzt? Führen sie dazu, dass du dich deiner Vision annäherst? In welchen Pfeilern bist du auf einem guten Weg und wo solltest du nachbessern?

Es empfiehlt sich, den Grad der Annäherung an dein wahres Selbst bzw. deine Vision als Erfolgskriterium zu verwenden. Wird dein Denken, Fühlen und Handeln bewusster, befindest du dich auf einem guten Weg. Kombinierst du die sieben Schritte des Weges des wahren Selbst mit den fünf Pfeilern des Selbst, öffnet sich dir die Tür für ein selbstbestimmtes, glückliches und nach eigenen Maßstäben erfolgreiches Leben.

Leistung und Entspannung: Achtsam Grenzen setzen

In der Wissenschaft wird Leistung als physikalische Größe definiert, die sich aus der in einer Zeitspanne umgesetzten Energie geteilt durch diese Zeitspanne ergibt. Die Psychologie beschreibt Leistung als einen durch Energieaufwand geschaffenen Wert, der durch den Einsatz einer verfügbaren menschlichen Fähigkeit zustande kommt. Das Handlungsziel muss zudem auf einem gewissen Niveau erreicht werden. Beide Definitionen haben gemeinsam, dass etwas durch das Aufbringen von Energie erschaffen wird. Aus der psychologischen Sichtweise muss das Erschaffene außerdem von Wert sein, einem Handlungsziel unterliegen und einem gewissen Niveau entsprechen. Leistung umfasst demnach alle Tätigkeiten, die auf Basis einer Zielsetzung erfolgen und für die Energie und Zeit aufgewendet werden müssen. Beispiele sind u. a. ein Studienabschluss, das Erlernen einer Sprache oder das Erwirtschaften eines bestimmten Geldbetrags. Auf dem Sofa zu entspannen oder ein Buch zu lesen sind demnach keine Leistungen, außer es liegt eine Zielsetzung vor. Dient das Buch der eigenen Weiterbildung, um im Studium besser zu sein oder eine neue Fähigkeit zu erlernen, würde das die Kriterien der Definition von Leistung erfüllen.

Entspannung hingegen bezieht sich auf die Verringerung körperlicher und geistiger Anspannung oder Erregung. Alle Tätigkeiten, die Spannung abbauen, fallen darunter, wie zum Beispiel ein Saunabesuch, Meditation oder Musikhören. Es liegt demnach keine konkrete Zielsetzung vor, außer die der Entspannung. Deshalb muss auch keine Energie im Sinne der Zielerreichung aufgebracht werden. Vielmehr geht es um Regeneration. Das bloße Sein steht im Mittelpunkt.

Diese Unterscheidung ist sehr wichtig. In einer Welt, die immer schneller wird, sollten wir Momente der Leistungserbringung und Entspannung eindeutig voneinander abgrenzen können. Die Gründe für Stress, Unruhe und Nervosität finden sich häufig in einer mangelnden Entspannungsfähigkeit. Momente der Leistungserbringung und Entspannung überschneiden sich. Statt für einige Stunden konzentriert zu arbeiten, schweifen unsere Gedanken ab und wir sehnen uns nach Ruhe. Während wir auf dem Sofa entspannen, denken wir bereits an den nächsten Arbeitstag oder die Dinge, die wir uns vorgenommen haben. Das Training im Fitnessstudio wird zu einem unnötigen Wettkampf mit uns selbst. Wir setzen uns selbst unter Druck, weil wir uns zu viele Dinge vornehmen. Deshalb fehlt uns die Zeit, die wir zur Entspannung brauchen.

Leistung und Entspannung sind gleichermaßen wichtig. Um ein Ziel zu erreichen, benötigen wir Energie. Hierfür müssen wir geistig und körperlich in ausreichendem Maß regenerieren. Entspannen wir zu viel, werden wir unruhig. Wir haben ein Übermaß an Energie, das wir abbauen müssen. Je näher wir unserem wahren Selbst kommen, desto eher werden wir erkennen, in welchem Ausmaß wir Leistung erbringen können und wie viel Zeit wir zur Entspannung benötigen.

Die unterschiedlichen Arten der Leistungserbringung

Leistung umfasst alle Tätigkeiten, die auf Basis einer Zielsetzung erfolgen und für die Energie und Zeit aufgewendet werden müssen. Demnach können wir privat sowie beruflich bzw. professionell Leistung erbringen.

Die Leistungserbringung im privaten Bereich ist in der Regel durch eine hohe intrinsische Motivation gekennzeichnet. Ein Wohnungskauf oder Sport in Form eines Hobbys fallen darunter. In der Regel finden wir durch das Erbringen der Leistung selbst Erfüllung und erhoffen uns keine zusätzlichen monetären Erfolge.

Bei der beruflichen oder professionellen Leistungserbringung ist dies anders. Hier sind wir meistens extrinsisch motiviert. Unsere Hauptmotivation ist in der Regel der Verdienst unseres Lebensunterhalts. Natürlich muss uns die Tätigkeit, die wir ausüben, zu einem gewissen Grad auch erfüllen. Allerdings ist das Erbringen der Leistung selbst in der Regel weniger erfüllend als im privaten Bereich. Deshalb benötigen wir eine zusätzliche monetäre Motivation.

In manchen Fällen können sich die private und berufliche bzw. professionelle Leistungserbringung auch überschneiden. Dies ist häufig bei Politikern oder Künstlern der Fall, die unter Umständen ständig im Interesse der Öffentlichkeit stehen. Macht man seine Leidenschaft zum Beruf, gibt es ebenfalls eine Überschneidung. Dann wird die anfangs großteils intrinsische um die extrinsische Motivation ergänzt, da durch die Leidenschaft nun auch Geld verdient werden muss.

Bei der beruflichen bzw. professionellen Leistungserbringung handelt es sich um unsere Karriere. Bei der Karrierewahl sollten wir ähnlich wie bei unserer Zielsetzung vorgehen. Demnach gibt es falsche und richtige Karrieren für uns. Gehen wir den Weg des wahren Selbst, wird sich die richtige Karriere früher oder später automatisch herauskristallisieren. Unser

Denken, Fühlen und Handeln wird bewusster. Wir reagieren bewusst auf interne Impulse (Gedanken und Emotionen), die durch externe Reize ausgelöst werden. Durch die bewusste Verarbeitung unserer Erfahrungen im Rahmen der bewusst und unterbewusst sowie der nicht interpretierenden Beobachtung werden wir bessere Entscheidungen treffen. Dies wirkt sich entsprechend auf unsere Karriere(wahl) aus.

Grundsätzlich sollten wir uns für einen Karriereweg entscheiden, der am ehesten mit unserem Selbst einhergeht (Persönlichkeitseigenschaften, Talente, Werte, innere Haltung, Bedürfnisse). Kennen wir unsere Vision bereits, wird uns die Wahl der richtigen Karriere leichter fallen. Ein Beruf, den wir im Rahmen unserer Karrierewahl ausführen, kann verschiedene Zwecke erfüllen. Der monetäre Aspekt und die Sicherung unseres Lebensunterhalts werden eine große Rolle spielen. Dabei sollten wir aber keinesfalls unsere persönlichen Werte verraten. Wenn ein Beruf nicht mit unseren Werten übereinstimmt, werden wir ihn nicht lange ausüben können, ohne unser wahres Selbst zu verraten. Genauso werden wir in einem Beruf, der nicht mit unseren natürlichen Talenten einhergeht, langfristig unglücklich werden. Werden unsere monetären Bedürfnisse nicht erfüllt, führt dies ebenfalls zu Unzufriedenheit. Es ist also eine schmale Gratwanderung. Alle Bestandteile unseres Selbst müssen im richtigen Maß berücksichtigt werden. Selbsterkenntnis ist der Schlüssel hierzu.

Überschneidet sich die berufliche bzw. professionelle mit der privaten Leistungserbringung, z. B. wenn man seine Leidenschaft zum Beruf macht, kann man in manchen Fällen von einer Berufung sprechen. Wir sind bei der privaten Leistungserbringung in der Regel sehr intrinsisch motiviert. Wollen wir damit unseren Lebensunterhalt verdienen, kommt eine extrinsische Motivation in Form von monetärem Erfolg hinzu. Dadurch sind wir insgesamt wesentlich motivierter, als wenn es sich nur um die private oder berufliche bzw. professionelle Leistungserbringung handelt. Wir erbringen eine Leistung, die mit unseren natürlichen Persönlichkeitseigenschaften, Talenten, Werten, unserer inneren Haltung und unseren Bedürfnissen in einer Form einhergeht, wie es bei einem normalen Beruf selten der Fall ist. Zudem sichern wir damit unsere materielle Existenz. Wir tun also genau das, was mit unserem wahren Selbst am ehesten übereinstimmt. Dies bringt uns unserer Vision näher. Eine Berufung führt meist direkter zur Realisierung unserer Vision. Ein Beruf ist hingegen häufig mehr ein Sprungbrett, das uns indirekt hilft, unsere Vision zu realisieren.

Unabhängig von der Art der Leistungserbringung können wir in einen Flow-Zustand geraten. Je eher die Leistungserbringung mit unserem wahren Selbst einhergeht, desto leichter werden wir in diesen Zustand kommen.

Der ungarisch-amerikanische Psychologe Mihaly Csikszentmihalyi hat das Prinzip des Flow-Zustands erforscht und in seinem Buch Flow: Das Geheimnis des Glücks detailliert beschrieben. Dabei geht er davon aus, dass ein Mensch dann am glücklichsten ist, wenn er in seinem Tun voll aufgeht und dabei so involviert in seine Tätigkeit ist, dass nichts anderes mehr eine Rolle spielt. Für den Flow-Zustand ist laut Csikszentmihalyi der Zusammenhang zwischen den Faktoren Aufgabenschwierigkeit und Kompetenzen ausschlaggebend. Das Flow-Erleben kann sich nur einstellen, wenn die Aufgabenschwierigkeit den Kompetenzen entspricht. Ist die Aufgabenschwierigkeit höher als die Fähigkeiten, resultiert dies in Überforderung und damit Angst sowie Kontrollverlust. Ist die Aufgabe zu einfach, führt dies zu Unterforderung und damit Langeweile.

Das Flow-Modell

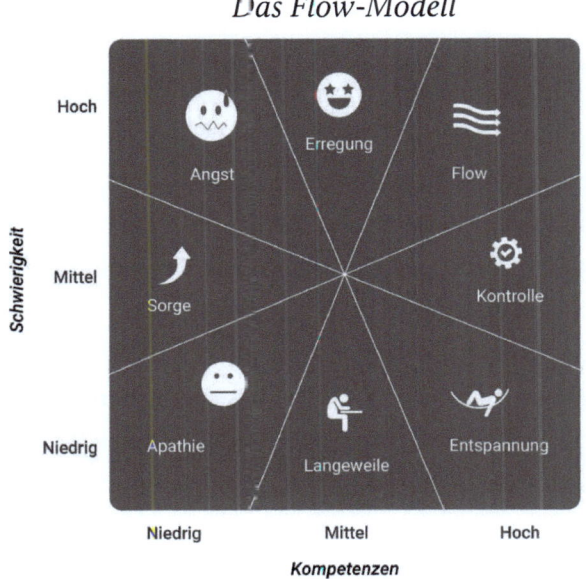

Gründe und Lösungen für Stress

Der Hauptgrund für Stress liegt einerseits in der mangelnden Fähigkeit, Momente der Leistungserbringung von solchen der Entspannung zu unterscheiden, und andererseits in fehlender Selbsterkenntnis. Es ist wichtig, die Grenzen der eigenen Leistungsfähigkeit zu kennen, um zu wissen, wie viel Zeit man zur Entspannung benötigt. Wir sollten nicht nur definieren, wie viel wir leisten können, sondern vielmehr, wie viel wir leisten wollen. Dies sollten wir in Abhängigkeit von unserem wahren Selbst und unserer Vision tun.

Die Psychologie definiert Stress als eine psychische und physische Reaktion, die durch spezifische äußere Reize hervorgerufen wird, um besondere Anforderungen bewältigen zu können. Damit geht eine körperliche und geistige Belastung einher. Stress wird also durch externe Reize hervorgerufen. Doch nicht die externen Reize sind für das subjektive Stressempfinden verantwortlich, sondern unsere Reaktion auf die internen Impulse (Gedanken und Emotionen), die durch die externen Stressoren hervorgerufen werden. Wir haben demnach die Freiheit zu entscheiden, inwiefern wir uns von externen Reizen stressen lassen.

Stress hilft uns dabei, besondere Anforderungen zu bewältigen. Ein gewisses Maß an Stress ist also notwendig, um Leistung zu erbringen. Stress ist deshalb nicht zwangsläufig negativ zu bewerten. Nur wenn die durch Stress hervorgerufene körperliche und geistige Belastung überhandnimmt, wird Stress zum Problem.

Um besser mit Stress umgehen zu können, sollten wir uns bewusst machen, dass wir die Freiheit haben, zu entscheiden, wie wir auf externe Reize (Stressoren) reagieren. Je bewusster wir sind, desto eher werden wir die Gedanken und Emotionen wahrnehmen, die durch externe Reize in uns ausgelöst werden. Dadurch geben wir uns die Freiheit, im Einklang mit unserem wahren Selbst adäquat darauf zu reagieren. Es ist zudem ratsam, sich primär auf die Faktoren zu konzentrieren, die wir direkt beeinflussen können. Alles, was wir nicht direkt beeinflussen können, sollte zweitrangig sein. Bei genauerem Hinsehen befindet sich lediglich unsere Reaktion auf die durch externe Reize hervorgerufenen Gedanken und Emotionen in unserem direkten Einflussbereich. Das bewusste Denken, Fühlen und Handeln sollte demnach im Vordergrund stehen. Die bewusst und unterbewusst sowie die nicht interpretierende Beobachtung können uns dabei helfen, das notwendige Bewusstsein zu erlangen.

Fragen, die du dir in Bezug auf Leistung und Entspannung stellen solltest:

- Was kannst und willst du leisten?
- Wie viel kannst und willst du leisten bzw. wie viel Energie und Zeit willst du aufbringen?
- Wie viel ist deine Leistung wert bzw. was erwartest du als Gegenleistung (z. B. monetäre Entlohnung, Erfüllung oder Anerkennung)?
- Inwiefern profitieren andere von der Leistung, die du erbringst?
- Wie viel Zeit für Entspannung brauchst du, damit du dich gut fühlst?
- Trägt die Leistung, die du erbringst, dazu bei, dass du der Realisierung deiner Vision näherkommst?

Beziehungen: Die Liebe zu dir selbst und zu anderen

In der Soziologie wird eine Beziehung von zwei Personen oder Gruppen, in der das Denken, Fühlen oder Handeln gegenseitig aufeinander bezogen ist, als soziale oder zwischenmenschliche Beziehung bezeichnet. Dabei können soziale Beziehungen positive oder negative Qualitäten oder auch beides zugleich enthalten. Dies bedeutet, dass positive und negative Qualitäten innerhalb einer Beziehung unabhängig voneinander koexistieren können. Denkt man über seine eigenen Beziehungen nach, ist dies schlüssig. Ein Beispiel: Selbst in Bezug auf seinen besten Freund oder die Person, die man liebt, empfindet man gelegentlich negative Emotionen. Diese Emotionen basieren in der Regel auf Eigenschaften der Person, die wir als unangenehm empfinden, wie zum Beispiel Unpünktlichkeit, Unzuverlässigkeit oder Faulheit. Obwohl solch eine Beziehung normalerweise zum größten Teil von positiven, unterstützenden Qualitäten geprägt ist, die wir sehr schätzen, kann sie auch negative Qualitäten enthalten. Es gibt demnach keine Beziehungen, die nur positive oder negative Qualitäten beinhalten, sondern lediglich solche, in denen die positiven oder negativen Aspekte überwiegen. Die Beziehung zu seiner Lebenspartnerin oder seinem besten Freund ist im Normalfall überwiegend von positiven Qualitäten geprägt.

Funktionierende soziale Beziehungen sind nicht nur für gesellschaftlichen Erfolg, sondern auch für die Gesundheit und das Wohlbefinden von herausragender Bedeutung. Dies wurde durch die Grant-Studie bestätigt. Hierbei handelt es sich um eine Langzeitstudie, die seit 1938 an der Medizinischen Fakultät der Harvard University durchgeführt wird. Die Studie untersucht die Lebensgestaltung einer Stichprobe von Männern mit dem Ziel, herauszufinden, wie ein erfülltes Leben gelingt. Die Beziehung zu anderen Menschen im Sinne einer menschenliebenden und einfühlsamen Verbindung ist laut der Grant-Studie das wichtigste Element für Erfüllung und Wohlbefinden, wichtiger noch als beispielsweise Wohlstand, beruflicher Erfolg oder gesunde Ernährung.

Beziehungsarten

Es gibt in der Sozialpsychologie vier verschiedene Beziehungsarten, die zwischen zwei Individuen oder einem Individuum und einer Gruppe auftreten können.

Wenn positive Aspekte stark ausgeprägt sind und wenig negative Qualitäten vorliegen, spricht man von einer unterstützenden sozialen Beziehung. Beispiele sind die Beziehung zu einem sehr guten Freund oder eine erfüllende Partnerschaft.

Eine adverse Beziehung wird hingegen als überwiegend negativ bewertet, zum Beispiel in Form eines als ungerecht wahrgenommenen Vorgesetzten oder einer eifersüchtigen Stiefmutter.

Beziehungen, in denen sowohl wenig positive als auch negative

Qualitäten wahrgenommen werden, bezeichnet man als indifferent. Diese Beziehungsart wird häufig als gleichgültig erlebt und zeichnet sich durch eine geringe Kontakthäufigkeit- und Tiefe aus, wie es bei Arbeitskollegen in großen Unternehmen manchmal der Fall ist.

Wenn gleichzeitig negative und positive Qualitäten in einem hohen Ausmaß vorliegen, spricht man von einer ambivalenten Beziehung. Ein Beispiel wäre die Beziehung zu einem witzigen, aber sehr wettkampforientierten Freund aus dem Sportverein.

Grundsätzlich lässt sich sagen, dass das Leben umso erfüllter und glücklicher ist, je mehr wir unterstützende soziale Beziehungen pflegen. Hierbei spielt allerdings weniger die Anzahl als die Intensität der Beziehungen eine Rolle. Ein Mensch, der mit zwei sehr guten und engen Freunden regelmäßig in Kontakt steht und eine erfüllende Partnerschaft führt, kann beispielsweise ein höheres Wohlbefinden aufweisen als eine Person, die zu vielen verschiedenen Menschen ein gutes, aber eher oberflächliches Verhältnis hat. Da wir in unserem Leben Beziehungen zu den verschiedensten Menschen wie beispielsweise unseren Eltern, Freunden oder zu unserer Partnerin pflegen, werden wir nachfolgend die Beziehungsformen, die wir mit unterschiedlichen Personengruppen führen, näher betrachten.

Romantische Beziehungen

Eine romantische Beziehung ist durch ein emotional intimes und meist sexuelles Verhältnis zwischen zwei (oder mehreren) Personen gekennzeichnet. Solch eine Beziehung ist geprägt von gegenseitiger Liebe, Mitfühlen, Interesse und Fürsorge. Sie umfasst im Normalfall stets auch eine erotische Anziehung, wobei diese - vor allem bei jungen Menschen - auch eine Erotik des Umarmens, Berührens und Küssens sein kann. Liebe kann sich als Verliebtheit, Leidenschaft oder stille, innige Zuneigung äußern. Dabei spielt es keine Rolle, ob es sich um eine hetero-, homo-, bisexuelle oder jede andere Art von Liebesbeziehung handelt.

Jeder, der schon einmal eine romantische Beziehung zu einem Menschen geführt hat, weiß, wie sich solch eine Beziehung anfühlt. Nervenkitzel, ein leichtes Kribbeln im Bauch und auf der Haut, Vorfreude, Sehnsucht, Verletzlichkeit sowie die Sorge um das Wohlbefinden des Partners oder der Partnerin sind nur einige Aspekte, die eine Liebesbeziehung ausmachen. Solch eine Beziehung zu finden, ist nicht leicht. Man muss sich seinem wahren Selbst zu einem gewissen Grad annähern, bevor man bereit ist, eine wirklich erfüllende und funktionierende romantische Beziehung mit einem anderen Menschen einzugehen.

Häufig machen wir den Fehler, eine Beziehung um der Beziehung willen zu führen, und nicht, weil wir unsere Partnerin oder unseren Partner wirklich lieben. Wenn das der Fall ist, sollten wir solch eine Beziehung eventuell überdenken und uns fragen, ob es wirklich das ist, was wir wollen. Auf der anderen Seite ist es ganz normal, dass wir auch an einer erfüllenden, gut funktionierenden Beziehung ab und zu zweifeln und nicht konstant auf Wolke sieben schweben. Wir sollten jedoch nicht den Fehler machen, die Liebe unseres Lebens aufgrund ungerechtfertigter (Selbst-)zweifel, temporärer Rückschläge, externer Erwartungen oder eines falschen Beziehungsbilds zu verlieren. Liebe bedeutet Arbeit, Hingabe, Kompromiss- und Aufopferungsbereitschaft, wie alles Lohnenswerte im Leben. Je bewusster wir denken, fühlen und handeln, desto eher werden wir unterscheiden können, ob es sich bei einer romantischen Beziehung um die Liebe unseres Lebens, um eine zweckmäßige Beziehung oder um ein Fantasiegebilde handelt, das nichts mit der Realität zu tun hat.

Eine funktionierende romantische Beziehung kann einer der erfüllendsten Aspekte unseres Lebens sein. Gleichzeitig scheitern aber sehr viele Beziehungen. In Deutschland betrug die Scheidungsrate im Jahr 2022 fünfunddreißig Prozent, d. h. ungefähr jedes dritte Ehepaar ließ sich scheiden. Das sind fünfundzwanzig Prozent mehr als noch 1960. In der EU waren es 2016 sogar dreiundvierzig Prozent. Man muss sich vorstellen, was das bedeutet. Man liebt einen Menschen so sehr, dass man bereit ist, einen Bund fürs Leben mit ihm einzugehen, obwohl man von niemandem dazu gezwungen wird (Zwangsehen ausgenommen). Irgendwann bemerkt man dann, dass diese Entscheidung ein Fehler war, und beschließt, den Bund zu beenden. Dieser Prozess bringt nicht nur schwerwiegende negative emotionale Folgen mit sich, sondern auch finanzielle, organisatorische sowie rechtliche Konsequenzen. Im schlimmsten Fall sind nicht nur die Ehepartner, sondern gemeinsame Kinder die Leidtragenden.

Was sind die Gründe hierfür? Niemand zwingt uns, eine Beziehung mit einem Menschen einzugehen oder eine Ehe zu schließen. Dennoch tun wir es, scheinbar jedoch mit eher mäßigem Erfolg. Auch wenn die oben genannten Zahlen erschreckend klingen mögen, ist hervorzuheben, dass immer noch mehr Menschen zusammenbleiben, als sich trennen - zumindest auf Eheschließungen bezogen. Was also unterscheidet eine funktionierende, erfüllende von einer nicht funktionierenden, unglücklichen Beziehung? Der Stern nennt folgende Gründe für glückliche Beziehungen:

- Man kann so sein, wie man wirklich ist
- Es gibt viele Gemeinsamkeiten
- Der Partner oder die Partnerin ist gleichzeitig der beste Freund
- Emotionale und sexuelle Intimität
- Offenheit und Vertrauen
- Man wird durch den Partner oder die Partnerin zu einem besseren Menschen
- Man ist ein Team und zieht gemeinsam an einem Strang
- Macht wird in Form von Entscheidungsfindung geteilt
- Man empfindet den Partner oder die Partnerin als von Grund auf gut
- Es gibt keine gravierenden Probleme

Focus hingegen listet folgende Gründe in dieser Reihenfolge für das Scheitern von Beziehungen auf:

- Wenig Zeit füreinander
- Stress bei der Arbeit

- Schwierige finanzielle Situation
- Fehlende (sexuelle) Intimität
- Räumliche Trennung
- Der Partner oder die Partnerin achtet nicht auf die Bedürfnisse des anderen
- Streit über Alltagsdinge
- Umgang mit Kindern aus vorherigen Partnerschaften
- Schwierigkeiten, sich auf Dauer treu zu bleiben

Es lassen sich also folgende Kriterien für funktionierende romantische Beziehungen zusammenfassen:

- Authentizität
- Genügend Zeit füreinander
- Offenheit und Vertrauen
- Emotionale und sexuelle Intimität
- Freundschaft
- Gemeinsamkeiten und Ziele
- Kommunikation (vor allem bei Problemen)
- Empathie
- Sympathie
- Treue
- Akzeptanz
- Veränderungs- und Kompromissbereitschaft
- Toleranz
- Geduld

Diese Liste ist nicht vollständig, jedoch umfasst sie wohl die wichtigsten Aspekte für eine funktionierende, erfüllende Liebesbeziehung. Die genannten Punkte haben eines gemeinsam: Sie sind das Resultat eines entwickelten Selbst. Wer bewusst denkt, fühlt und handelt, wird diese Kriterien erfüllen.

Wer hingegen von seinem wahren Selbst abgewandt ist, wird die Kriterien nur teilweise oder gar nicht erfüllen. Wie sollen wir jemand anderem die für eine funktionierende Beziehung notwendige Aufmerksamkeit entgegenbringen, wenn wir in Bezug auf uns selbst nicht bewusst denken, fühlen und handeln? In anderen Worten: Wenn wir nicht wissen, wer wir sind und was wir wollen, wie sollen wir es dann in einer anderen Person finden?

Das bedeutet nicht, dass wir unser wahres Selbst gänzlich verstehen müssen, um eine funktionierende Liebesbeziehung zu führen. Allerdings müssen wir die Reise zu unserem wahren Selbst angetreten und einen gewissen Grad an Selbsterkenntnis erlangt haben. Noch wichtiger ist jedoch die Bereitschaft, unserem wahren Selbst fortwährend näherzukommen. So können wir gemeinsam mit unserer Partnerin oder unserem Partner wachsen. Wir gehen den Weg des wahren Selbst nicht länger allein, sondern gemeinsam mit der Person, die wir lieben.

Freundschaftliche Beziehungen

Freundschaftliche Beziehungen können wir mit verschiedenen Menschen führen. Die Intensität dieser Beziehungen entscheidet darüber, ob es sich um unsere besten Freunde oder nur Bekanntschaften handelt. Freundschaften sind neben einer romantischen Beziehung für ein selbstbestimmtes, glückliches und erfolgreiches Leben sehr wichtig. Wir sollten nicht versuchen, unser gesamtes soziales Leben nur auf eine Person zu reduzieren. Das wird langfristig nicht funktionieren. Natürlich wird unsere Partnerin oder unser Partner die wichtigste Beziehung in unserem Leben sein, nur eben nicht die einzige.

In welchem Ausmaß wir freundschaftliche Beziehungen pflegen, ist großteils von unseren Persönlichkeitseigenschaften abhängig. Manchen Menschen genügen einige wenige gute Freunde, während andere ein wesentlich größeres soziales Netzwerk benötigen.

Es ist außerdem wichtig zu erkennen, dass wir die Freiheit haben, zu entscheiden, mit welchen Menschen wir freundschaftliche Beziehungen eingehen. Bemerken wir, dass unser freundschaftliches Umfeld nicht mit unserem wahren Selbst einhergeht, sollten wir eventuell überlegen, es zu ändern. Das bedeutet nicht, dass wir eine Freundschaft beenden sollten, nur weil jemand nicht hundertprozentig zu unserem wahren Selbst passt. Wenn eine Freundschaft für unser wahres Selbst jedoch untragbar wird, kann es unter Umständen für beide Seiten sinnvoller sein, sie zu beenden.

Je weiter wir auf dem Weg des wahren Selbst voranschreiten, desto eher werden wir erkennen, in welchem Ausmaß wir freundschaftliche Beziehungen benötigen und welches freundschaftliche Umfeld das richtige für uns ist.

Familiäre Beziehungen

Im Gegensatz zu romantischen oder freundschaftlichen Beziehungen können wir uns unsere Familie nicht aussuchen. Deshalb sind Familienverhältnisse häufig auch komplexer. Wenn wir bemerken, dass wir mit jemandem aus unserer Familie einfach nicht klarkommen, können wir dieses Familienmitglied nicht einfach ersetzen. Handelt es sich um einen entfernteren Verwandten, können wir den Kontakt abhängig von der Familienkultur zumindest auf ein Mindestmaß reduzieren. Geht es jedoch um die eigene Schwester oder den Vater, ist dies schon deutlich schwieriger. Wie gehen wir also damit um, wenn es in unserer Familie starke Spannungen gibt, die sich scheinbar nur schwer überwinden lassen?

Es empfiehlt sich, offen zu sein, Kompromissbereitschaft bis zu einem gewissen Grad zu zeigen und in die Kommunikation mit den entsprechenden Personen zu treten. Es lohnt sich nicht, aus Stolz oder wegen unseres Egos ein belastendes Verhältnis mit einem Familienmitglied zu führen. Dies hat langfristig deutlich mehr negative emotionale Konsequenzen für alle Beteiligten, als wenn wir über unseren eigenen Schatten springen.

Wir können nicht direkt beeinflussen, dass ein anderes Familienmitglied einlenkt und auf uns zukommt. Es liegt jedoch in unserem direkten Einflussbereich, unser Ego zu überwinden, proaktiv auf die andere Person zuzugehen und mögliche Probleme anzusprechen. In den meisten Fällen wird eine solche Offenheit weitaus positiver aufgefasst, als wir denken. Häufig geht ein solches Verhalten sogar mit Dankbarkeit der anderen Person einher. Bestehende Probleme werden dadurch offen besprochen und können in der Regel gelöst werden.

Sollte unsere Offenheit von der anderen Person wider jede Erwartung negativ aufgefasst werden, haben wir zumindest das getan, was in unserem direkten Einflussbereich liegt. Wir haben uns nichts vorzuwerfen. In solch einem Fall empfiehlt es sich, den Kontakt zu minimieren und zumindest einen respektvollen Umgang miteinander zu wahren. Springt die andere Person irgendwann über ihren Schatten und kommt auf uns zu, sollten wir wiederum offen für den Dialog sein.

Dieses Vorgehen können wir natürlich auch auf alle anderen problematischen Beziehungen in unserem Leben anwenden. Manchmal ist es jedoch sinnvoller, eine problembehaftete Beziehung zu beenden, sofern es uns möglich ist. Je näher wir unserem wahren Selbst kommen, desto eher werden wir entscheiden können, für welche Beziehungen es sich zu kämpfen lohnt und wann es sinnvoller ist, eine Beziehung zu beenden.

Geschäftliche Beziehungen

Unter geschäftliche oder professionelle Beziehungen fallen alle Beziehungen, die man in erster Linie führt, um wirtschaftliche Ziele zu erreichen. Dies können beispielsweise die Beziehungen zwischen Kollegen und Kolleginnen innerhalb einer Organisation, verschiedenen Unternehmen, Kunden und Unternehmen oder Steuerberater und Privatperson sein.

Solche Beziehungen führt man im Gegensatz zu romantischen oder freundschaftlichen Beziehungen nicht unbedingt, weil man an den beteiligten Menschen selbst interessiert ist. Die Hauptmotivation liegt vielmehr darin, dass man sich von der Beziehung einen wirtschaftlichen Vorteil verspricht.

Selbstverständlich können sich aus geschäftlichen auch freundschaftliche oder romantische Beziehungen ergeben, und umgekehrt. Es sollte uns jedoch stets bewusst sein, dass bei geschäftlichen Beziehungen der wirtschaftliche Vorteil eine große Rolle spielt.

Mit welchen Menschen wir geschäftliche Beziehungen eingehen und ob wir sie auch zu freundschaftlichen oder romantischen Beziehungen machen, sollten wir in Abhängigkeit von unserem wahren Selbst entscheiden. Je bewusster wir denken, fühlen und handeln, desto leichter wird uns dies fallen.

Die Beziehung zu dir selbst

Die wohl wichtigste Beziehung, die wir in unserem Leben jemals führen werden, ist die Beziehung zu uns selbst. Dennoch wird diese Art der Beziehung von vielen Menschen sträflich vernachlässigt.

Die Beziehung, die wir mit uns selbst führen, ist die Grundlage für alle weiteren Beziehungen, die wir eingehen. Wenn wir keine gute Beziehung mit uns selbst führen, werden wir nicht in der Lage sein, gesunde, funktionierende Beziehungen mit anderen Menschen einzugehen. Wir müssen unser wahres Selbst bis zu einem gewissen Grad erkennen, bevor wir in funktionierende Beziehungen mit anderen treten können. Wichtiger als der Grad unserer Selbsterkenntnis ist jedoch die Bereitschaft, den Weg des wahren Selbst kontinuierlich zu gehen.

Eine gute Beziehung mit sich selbst zu führen, ist keineswegs mit Narzissmus oder übermäßiger Selbstliebe zu verwechseln. Alltagspsychologisch und umgangssprachlich steht Narzissmus für die Selbstverliebtheit eines Menschen, der sich für wertvoller hält, als bewertende Beobachter ihn einschätzen. Ein Narzisst schenkt anderen Menschen folglich eine geringere Beachtung als sich selbst. Narzissmus wird in der Psychologie unter anderem als Erklärung für böses, destruktives Verhalten von Menschen verwendet. Menschen, die im Übermaß (pathologisch) narzisstisch sind, wollen die Realität demnach ihren narzisstischen Fantasien unterwerfen. Wenn sich solche Menschen in Machtpositionen befinden, kann dies verheerende Folgen für die Welt haben, wie wir am Beispiel von Adolf Hitler oder jüngst Wladimir Putin gesehen haben.

Arno Gruen hingegen nennt als Grundlage für ein erfülltes Leben und gutes, konstruktives Handeln die bedingungslose Liebe der Eltern zum Kind. Erst die Liebe der Eltern ermöglicht die Liebe zum wahren Selbst. Er führt statt (pathologischen) Narzissmus Selbsthass als Erklärung für destruktives Verhalten an. Kinder, bei denen die Liebe der Eltern an Bedingungen geknüpft und folglich nicht bedingungslos ist, haben demnach Schwierigkeiten, das nötige Maß an Selbstliebe zu entwickeln. Solche Kinder haben nach Gruen einerseits die Möglichkeit, sich den Bedingungen der Eltern zu unterwerfen, zum Beispiel durch das Erbringen guter schulischer Leistungen. Dadurch erfahren sie die an diese Bedingung geknüpfte Liebe der Eltern. Andererseits können sie sich der Unterwerfung verweigern. Damit gehen sie jedoch das Risiko ein, die bedingte Liebe der Eltern zu verlieren.

Steht die von den Eltern auferlegte Bedingung nicht mit dem Selbst des Kindes im Einklang, wird es sich von seinem wahren Selbst entfremden, wenn es die Bedingung erfüllt. Je häufiger und intensiver solch eine Entfremdung vorkommt, desto mehr wird sich das Kind im Laufe seines Lebens selbst verachten. Es unterwirft sich mehr und mehr externen Erwartungen, statt an seinem Selbst festzuhalten. Diese wiederholte Unterwerfung führt im schlimmsten Fall zu Selbsthass. Man verachtet sich für die Entscheidung, sich anderen zu unterwerfen, statt sich selbst treu zu bleiben.

Dieser Selbsthass führt nach Gruen dazu, dass man Menschen, die bedingungslose Liebe erfahren haben oder die sich selbst treu geblieben sind, ebenfalls mit Hass begegnet. Der Grund liegt darin, dass man selbst solch eine Liebe nie erfahren durfte oder nicht den Mut hatte, sich selbst treu zu bleiben.

Eine gesunde Beziehung zu uns selbst ist nicht durch narzisstische Selbstverliebtheit charakterisiert, sondern durch das erforderliche Maß an Selbstliebe für ein bewusstes Denken, Fühlen und Handeln. Selbstliebe in diesem Sinne gibt uns das nötige Selbstvertrauen, um den Weg des wahren Selbst anzutreten. Sie ist demnach die Grundvoraussetzung für den Weg des wahren Selbst. Dadurch erlangen wir eine grundlegend positive Weltsicht, die wiederum in einem gesunden Optimismus gegenüber uns selbst und anderen resultiert. Erst dadurch können wir erfüllende Beziehungen mit anderen Menschen eingehen.

Ein philosophischer Exkurs: Ist das wahre Selbst eines jeden Menschen grundsätzlich gut?

Wir haben die Annahme getroffen, dass das wahre Selbst eines jeden Menschen grundsätzlich gut ist. Demnach verbessert sich die gesamte Welt, je mehr Menschen den Weg des Wahren Selbst gehen. Dies ist eine wichtige Annahme, da durch sie im Zusammenhang mit dem richtigen Maß an Selbstliebe eine prinzipiell positive Weltsicht erst möglich wird: Nicht nur die Liebe zu uns selbst und zu anderen, sondern die Liebe zum Leben oder vielmehr zum Lebendigen. Ist diese Annahme korrekt, in anderen Worten: Ist das wahre Selbst eines jeden Menschen grundsätzlich gut?
Um diese Frage zu beantworten, müssen wir zunächst definieren, was *gut* bedeutet. Im allgemeinen Sprachgebrauch wird das, was allgemein als zustimmend beurteilt wird und als erstrebenswert gilt, als gut bezeichnet. Das ethisch Gute steht dabei im Vordergrund.

Die Philosophie unterscheidet zwischen meta- und nicht metaphysischen Theorien zur Definition des Guten. Metaphysische Theorien berufen sich auf ein göttliches Gesetz oder eine Weltordnung, die objektive moralische Forderungen für das Gute enthält. Nicht der Mensch legt demnach fest, was gut ist. Die Kriterien für das Gute werden von einer transzendenten, übergeordneten Wirklichkeit vorgegeben. Nichtmetaphysische Theorien gehen hingegen davon aus, dass der Mensch definiert, was gut ist. In diesem Zusammenhang bezieht sich das Gute meist auf die Selbsterhaltung und das subjektive Wohlergehen des Menschen. Das Gute ergibt sich demnach aus der menschlichen Natur bzw. den menschlichen Bedürfnissen.

In Bezug auf die metaphysischen Theorien ist eine transzendente Wirklichkeit für die Kriterien des Guten verantwortlich. In den nichtmetaphysischen Theorien definiert der Mensch selbst, was gut ist. Unabhängig davon wird jeder Mensch wohl eine ähnliche Antwort geben, wenn man ihn fragt, was gut im ethischen Sinne bedeutet. Werte wie Loyalität, Aufrichtigkeit, Toleranz oder Selbstlosigkeit werden hier eine große Rolle spielen. Diese Werte sind stark von der Kultur geprägt, in der sich ein Mensch befindet.

Dennoch werden die genannten Werte wohl in den meisten heutigen Kulturen als ethisch gut eingestuft werden.

Wir können also davon ausgehen, dass es eine mehr oder weniger universelle Definition des ethisch Guten gibt, unabhängig davon, ob der Mensch oder eine transzendente Wirklichkeit die Kriterien dafür festlegt. Beispielsweise werden aller Wahrscheinlichkeit nach die meisten Menschen das grundlose Töten einer anderen Person als ethisch schlecht einstufen. Ungerechtfertigter Betrug, Verrat oder die allgemeine grundlose Verschlechterung des Lebens eines anderen Menschen werden wahrscheinlich ebenso von der Mehrheit nicht als ethisch gut bewertet werden.

Es scheint also ein dem Menschen inhärentes, kulturunabhängiges Verständnis des ethisch Guten zu geben. Voraussichtlich werden die meisten Menschen zustimmen, wenn man das ethisch Gute wie folgt definiert: Gut bedeutet, das eigene Leben und das anderer Menschen in dem Ausmaß zu verbessern, sodass die dadurch verursachte Menge an Leid für alle Lebewesen und die Welt minimiert wird.

Wir haben definiert, was *gut* bedeutet. Zudem haben wir festgestellt, dass es voraussichtlich ein universelles, dem Menschen inhärentes Verständnis des ethisch Guten gibt. Die meisten Menschen wissen demnach, was ethisch gut und was schlecht ist. Nun stellt sich die Frage, warum es dennoch Menschen gibt, die entgegen unserer Definition des Guten handeln. Hierfür kann es prinzipiell zwei Gründe geben:

- Es gibt Menschen, deren persönliche Definition des ethisch Guten (situationsbezogen) von unserer Definition abweicht. Beispielsweise wird ein Krieg zur Vermehrung der Macht des eigenen Landes oder die Selbstbereicherung auf Kosten von anderen situationsbedingt als ethisch gut eingestuft. Macht oder persönlicher Wohlstand werden in diesem Fall moralisch besser bewertet als Gerechtigkeit oder Selbstlosigkeit. Die Definition des ethisch Guten kann sich also situationsbedingt ändern. Ein hungerndes Kind, das von seinen Eltern

vernachlässigt wird und deshalb einen Apfel aus dem Supermarkt stiehlt, würden wohl die wenigsten als ethisch schlecht bewerten.
- Es gibt Menschen, die bewusst entgegen ihrer persönlichen Definition des ethisch Guten handeln. Beispielsweise lügt jemand eine Person bewusst an, um sich dadurch einen Vorteil zu verschaffen, obwohl er oder sie weiß, dass dies falsch ist. In diesem Fall handelt die Person entgegen ihren eigenen moralischen Werten. Der persönliche Vorteil wird wichtiger eingestuft, als den eigenen moralischen Werten treu zu bleiben.

Unabhängig davon, worin die Gründe für das Handeln entgegen dem ethisch Guten liegen, trifft jeder Mensch bewusst oder unbewusst die Entscheidung für sein Handeln. Er kann sich demnach entscheiden, Gutes oder Schlechtes zu tun.

Erinnern wir uns an unsere Definition des ethisch Guten: Gut bedeutet, das eigene Leben und das anderer Menschen in dem Ausmaß zu verbessern, sodass die dadurch verursachte Menge an Leid für alle Lebewesen und die Welt minimiert wird. Um die Gründe für die subjektiv situationsbedingte Änderung oder bewusstes Handeln entgegen dieser Definition besser zu verstehen, müssen wir betrachten, was verbessern und Leid bedeuten.

Jeder Mensch strebt prinzipiell danach, glücklich zu sein. Was Glück für einen Menschen bedeutet, kann höchst individuell sein. Es gibt jedoch einige Bereiche, die jeder Mensch braucht, um glücklich zu sein, beispielsweise ein gewisses Maß an materieller Sicherheit oder unterstützende soziale Beziehungen. Glück ist demnach als gut zu bewerten. Die Vermeidung von Leid geht zudem mit Glück einher. Persönliches Glück führt jedoch nicht notwendigerweise auch zu Glück für andere Menschen. Bereichert man sich auf Kosten von anderen, führt dies zu mehr persönlichem Wohlstand und gleichzeitig zu weniger Wohlstand für andere. Das eigene Glück wird gesteigert, während sich das Glück für andere verringert. In anderen Worten: Man tut sich selbst Gutes und anderen Schlechtes bzw. man verbessert das eigene Leben, während man anderen Leid zufügt.

Wir haben jedoch gesehen, dass es scheinbar ein dem Menschen inhärentes, kulturunabhängiges Verständnis des ethisch Guten gibt. Demnach scheinen die meisten Menschen zu wissen, wann sie (ethisch) gut bzw. schlecht handeln. Selbstbereicherung wird beispielsweise nur bis zu einem gewissen Grad von jedem Individuum ethisch akzeptiert. Überschreiten wir diesen Grad, fühlen wir uns schlecht. Wir scheinen also einen inhärenten moralischen Kompass zu haben, der uns davor abhält, unser eigenes Glück zu sehr auf Kosten von anderen zu vermehren.

Daraus ergibt sich die Frage, ab welcher Grenze die Vermehrung des eigenen Glücks subjektiv nicht mehr als ethisch gut eingestuft wird. Es gibt also einen gewissen Spielraum für die Bewertung des ethisch Guten in Bezug auf die Vermehrung des eigenen Glücks. Dieser Spielraum wird durch das Selbst eines Menschen und seine Kultur oder sein Umfeld bestimmt. Persönlichkeitseigenschaften, Werte, die innere Haltung und Bedürfnisse spielen hier eine Rolle. Wichtig ist aber auch, was von der Kultur als ethisch gut bewertet wird bzw. moralisch akzeptabel ist. Daraus ergibt sich der Spielraum, den wir für unser ethisches Handeln haben. Je größer dieser Spielraum ist, desto schwieriger wird es, das Handeln eindeutig als ethisch gut oder schlecht zu bewerten. Je kleiner er ist, desto eindeutiger kann Handeln als ethisch gut oder schlecht eingestuft werden.

Jeder Mensch scheint ein ziemlich genaues, inhärentes Verständnis für diesen Spielraum zu haben. Das Kind, das einen Apfel im Supermarkt stiehlt, weil es von seinen Eltern vernachlässigt wird und hungert, würden die wenigsten als ethisch verwerflich einstufen. Genauso würden die wenigsten einen wohlhabenden Menschen als ethisch gut bewerten, der einen Supermarkt ausraubt, um sich selbst noch mehr zu bereichern.

Selbst wenn plötzlich alle moralischen Strukturen unserer Kultur wegfielen, würden wir aller Wahrscheinlichkeit nach nicht plötzlich beginnen, willkürlich anderen Menschen Leid zuzufügen. Wir würden schnell merken, dass die Steigerung des eigenen Glücks auf Kosten von anderen über einen gewissen Grad hinaus entgegen unserer inhärenten Moral bzw. Menschlichkeit geht. Unsere Kultur ist lediglich ein Spiegel der menschlichen Natur. Wir können also davon ausgehen, dass der Mensch grundsätzlich gut ist.

Es stellt sich dennoch die Frage, warum manche Menschen trotz dieses scheinbar universellen, inhärenten moralischen Kompasses ihr eigenes Glück zu sehr auf Kosten von anderen steigern. Warum bereichern sie sich selbst, indem sie anderen Leid zufügen? Die Antwort darauf findet sich in fehlender Selbsterkenntnis. Wenn wir nicht wissen, dass wir anderen Menschen durch unser Handeln Leid zufügen, können wir uns auch nicht in dem Sinne ethisch gut verhalten, dass wir unser eigenes Glück nicht zu sehr auf Kosten von anderen vermehren. Dasselbe gilt, wenn wir in der Form von unserem wahren Selbst entfremdet sind, dass wir nicht mehr erkennen, wenn unser Gefühl uns sagt, dass unser Handeln anderen Menschen Leid zufügt bzw. unser Handeln ethisch falsch ist. Wenn wir nicht wissen, dass es uns selbst schadet, wenn wir entgegen unserer moralischen Werte handeln, werden wir diese auch nicht über Selbstbereicherung stellen.

Je näher wir unserem wahren Selbst kommen und je bewusster wir denken, fühlen und handeln, desto bewusster wird uns auch der universelle, jedem Menschen inhärente moralische Kompass. Dadurch werden wir immer besser verstehen, bis zu welchem Grad wir unser eigenes Glück vermehren können, ohne dadurch anderen Menschen Leid zuzufügen. Vielmehr werden wir erkennen, dass es sinnvoll ist, unser eigenes Leben und das anderer Menschen bei einer gleichzeitigen Minimierung des durch unser Handeln entstehenden Leids zu verbessern. Gleichzeitig können wir unsere Werte situationsbedingt anpassen. Dies kann unter bestimmten Umständen sinnvoll sein, wie wir am Beispiel des hungernden Kindes, das den Apfel stiehlt, gesehen haben.

Entfremden wir uns hingegen von unserem wahren Selbst, geht uns das emotionale und kognitive Verständnis für ethisch gutes Handeln verloren. Wir erkennen nicht, dass wir anderen Menschen durch unser Handeln Leid zufügen, wenn wir unser eigenes Glück zu sehr steigern. Uns ist nicht bewusst, dass wir uns selbst Leid zufügen, wenn wir entgegen unserer moralischen Werte handeln. Wir verlieren das Bewusstsein für den universellen moralischen Kompass, der jedem Menschen innewohnt. Die Entfremdung vom wahren Selbst bzw. fehlendes Bewusstsein machen (ethisch) schlechtes Handeln erst möglich.

Wie soll ein Mensch, der im Einklang mit seinem wahren Selbst lebt, dazu fähig sein, die Entscheidung für einen Krieg zu treffen, wenn er sich des unglaublichen Leids bewusst ist, das er dadurch verursacht? Was waren die Beweggründe für Adolf Hitler, den Zweiten Weltkrieg zu beginnen? Warum hat Wladimir Putin entschieden, die Ukraine anzugreifen? Ohne näher auf die konkreten Umstände einzugehen, können wir davon ausgehen, dass Hitler und Putin Selbstbereicherung und das Streben nach Macht über Werte wie Nächstenliebe oder Gerechtigkeit gestellt haben. Sie haben den Grad der Vermehrung ihres eigenen Glücks auf Kosten von anderen überschritten. Damit haben sie Leid in einem Ausmaß verursacht, das moralisch in keinster Weise im Verhältnis zur Steigerung ihres eigenen Glücks steht. Solch ein Verhalten wird als böse definiert.

Wenn wir davon ausgehen, dass das wahre Selbst eines jeden Menschen grundsätzlich gut ist, stellt sich noch immer die Frage, warum es Menschen gibt, die sich so sehr von ihrem wahren Selbst entfremden, dass sie zu bösem Handeln fähig sind. Der deutsch-schweizerische Schriftsteller, Psychologe und Psychoanalytiker Arno Gruen nennt das Fehlen von bedingungsloser Liebe der Eltern zum Kind als möglichen Grund für die Entfremdung vom wahren Selbst. Dies haben wir bereits angeschnitten. Im Folgenden werden wir nochmals tiefer darauf eingehen, um die Gründe für böses Handeln zu verdeutlichen.

Kinder, bei denen die Liebe der Eltern an Bedingungen geknüpft und folglich nicht bedingungslos ist, haben Schwierigkeiten, das nötige Maß an Selbstliebe zu entwickeln. Solche Kinder haben nach Gruen einerseits die Möglichkeit, sich den Bedingungen der Eltern zu unterwerfen, zum Beispiel durch das Erbringen guter schulischer Leistungen. Dadurch erfahren sie die an diese Bedingung geknüpfte Liebe der Eltern. Andererseits können sie sich der Unterwerfung verweigern. Damit gehen sie jedoch das Risiko ein, die bedingte Liebe der Eltern zu verlieren.

Steht die von den Eltern auferlegte Bedingung nicht mit dem Selbst des Kindes im Einklang, wird es sich von seinem wahren Selbst entfremden, wenn es die Bedingung erfüllt. Je häufiger und intensiver solch eine

Entfremdung vorkommt, desto mehr wird sich das Kind im Laufe seines Lebens selbst verachten. Es unterwirft sich mehr und mehr externen Erwartungen, statt an seinem Selbst festzuhalten. Diese wiederholte Unterwerfung führt im schlimmsten Fall zu Selbsthass. Man verachtet sich für die Entscheidung, sich anderen zu unterwerfen, statt sich selbst treu zu bleiben.

Dieser Selbsthass führt nach Gruen dazu, dass man Menschen, die bedingungslose Liebe erfahren haben, oder die sich selbst treu geblieben sind, ebenfalls mit Hass begegnet. Der Grund liegt darin, dass man selbst solch eine Liebe nie erfahren durfte oder nicht den Mut hatte, sich selbst treu zu bleiben.

Aus diesem Selbsthass resultiert auch der Hass auf das Leben und die Welt. Da man es gewohnt ist, lediglich durch die Erfüllung externer Erwartungen Zuneigung zu bekommen, stellt man äußere Erfolge wie das Streben nach Macht über ethisch gutes Handeln. Ein Mensch, der in dieser Form von seinem wahren Selbst abgespalten ist, erkennt Gefühle von Reue oder Schuld bei ethisch verwerflichem Handeln nicht mehr. Ein Mensch, der hingegen im Einklang mit seinem wahren Selbst lebt, wäre nicht zu solch schrecklichen Taten fähig wie ein von seinem wahren Selbst abgespaltener Mensch.

Das wahre Selbst eines jeden Menschen ist grundsätzlich gut. Entfremdet sich ein Mensch zu sehr von seinem wahren Selbst, ist er erst zu schlechtem Handeln fähig. Dies bedeutet, dass die Welt umso besser wird, je mehr Menschen den Weg des wahren Selbst gehen. Je bewusster das Denken, Fühlen und Handeln eines jeden Menschen wird, desto mehr verbessert sich die Welt.

Wir sollten nicht versuchen, Dinge zu ändern, die wir nicht direkt beeinflussen können. Genauso wenig sollten wir uns mit der Ausrede zufriedengeben, dass wir das Weltgeschehen ohnehin nicht beeinflussen können. Stattdessen sollten wir dort beginnen, wo wir direkten Einfluss haben: bei uns selbst.

Wenn jeder Mensch den Weg des wahren Selbst geht und bewusster denkt, fühlt und handelt, hat dies eine positive Kettenreaktion zur Folge. Möglicherweise beeinflusst dies einen anderen Menschen positiv und regt ihn dazu an, sich mit seinem wahren Selbst auseinanderzusetzen. Dies kann wiederum positiven Einfluss auf einen anderen Menschen haben usw. Dadurch wird langfristig das gesamte Leben auf unserem Planeten bewusster. Durch dieses Bewusstsein wird jeder Mensch mehr und mehr dazu neigen, das eigene Leben und das anderer Menschen in dem Ausmaß zu verbessern, sodass die dadurch verursachte Menge an Leid für alle Lebewesen und die Welt minimiert wird.

Fragen, die du dir in Bezug auf deine Beziehungen stellen solltest:

- Trägst du selbst zu gesunden, positiven Beziehungen bei?
- Welche Art von Beziehung willst du mit wem führen?
- Fühlst du dich mit den Beziehungen, die du pflegst, zufrieden und erfüllt?
- Gibt es etwas, das dir in deinen Beziehungen fehlt?
- Überwiegen in deinen Beziehungen die positiven Aspekte, oder führst du Beziehungen, in denen es mehr negative als positive Aspekte gibt?
- Führen deine Beziehungen dazu, dass alle beteiligten Personen davon profitieren und sich weiterentwickeln?

Gesundheit: Bewusste Selbstheilung

Gesundheit wird als selbstverständlich wahrgenommen, bis sie nicht mehr da ist. Wie wichtig Gesundheit für ein selbstbestimmtes, glückliches und erfolgreiches Leben tatsächlich ist, bemerken wir häufig erst, wenn sie fehlt. So weit sollten wir es gar nicht erst kommen lassen. Ähnlich wie bei Gewohnheiten ist es in Bezug auf unsere Gesundheit wesentlich einfacher, frühzeitig das richtige Verhalten an den Tag zu legen. Negative gesundheitliche Folgen aufgrund von jahrelangem Fehlverhalten später wieder auszugleichen, ist deutlich schwieriger und manchmal unmöglich. Bevor wir darauf eingehen, wie wir unsere Gesundheit langfristig aufrechterhalten oder verbessern können, müssen wir zuerst verstehen, was Gesundheit eigentlich ist. Wir sollten unsere Gesundheit nicht erst verlieren müssen, damit uns klar wird, was sie bedeutet. Nachfolgend findest du zwei Definitionen von Gesundheit:

- Die Weltgesundheitsorganisation beschreibt Gesundheit als einen "Zustand des vollständigen körperlichen, geistigen und sozialen Wohlergehens, und nicht nur als das Fehlen von Krankheit oder Gebrechen."
- Die Gesundheitswissenschaften definieren Gesundheit als "Zustand des objektiven und subjektiven Befindens einer Person, der gegeben ist, wenn diese Person sich in den physischen, psychischen und sozialen Bereichen ihrer Entwicklung im Einklang mit den eigenen Möglichkeiten und Zielvorstellungen und den jeweils gegebenen äußeren Lebensbedingungen befindet."

In diesen Definitionen ist von körperlichem, geistigem und sozialem Wohlbefinden die Rede. Zudem wird von objektivem und subjektivem Wohlbefinden gesprochen. Wohlbefinden wird dadurch spezifiziert, dass sich die Person im Einklang mit den eigenen Möglichkeiten, Zielvorstellungen und jeweils gegebenen äußeren Lebensbedingungen befinden muss.

Die Bezeichnungen subjektives und objektives Wohlbefinden sind mit Vorsicht zu genießen. Ein Mensch, der im Rollstuhl sitzt, kann insgesamt ein subjektiv höheres Wohlbefinden haben als jemand ohne körperliche Beschwerden. Dennoch würde derjenige im Rollstuhl objektiv als krank klassifiziert werden. Die Person ohne körperliche Beschwerden wäre objektiv als gesund einzustufen, sofern keine anerkannte geistige Krankheit, wie z. B. eine Depression vorliegt.

Sofern das wahrhaftige subjektive Wohlbefinden einer Person im Einklang mit den eigenen Möglichkeiten, Zielvorstellungen und äußeren Lebensbedingungen gegeben ist, sollte sie als gesund eingestuft werden.

Erinnern wir uns - Das wahre Selbst besteht aus unserem Inneren (Persönlichkeitseigenschaften, Talente, Werte, innere Haltung, Bedürfnisse), internen Impulsen, die durch externe Reize ausgelöst werden, Selbsterkenntnis sowie der bewussten Reaktion auf die internen Impulse. Zusammengefasst: Das wahre Selbst ist durch Selbsterkenntnis sowie bewusstes Denken, Fühlen und Handeln gekennzeichnet.

Die Person im Rollstuhl kann ihre innere Haltung bewusst anpassen und dadurch Einfluss auf ihre Gedanken, Emotionen und Handlungen nehmen. Anstatt impulsiv mit Verzweiflung und Resignation auf ihr Schicksal zu reagieren, kann sie sich bewusst dazu entscheiden, das Beste aus ihrer Situation zu machen. Dass sie im Rollstuhl sitzt, kann sie nicht beeinflussen, wohl aber, wie sie darauf reagiert. Sie kann ihre Ziele an die neuen Möglichkeiten und äußeren Lebensbedingungen anpassen. Warum sollte sie als nicht gesund eingestuft werden, wenn sie sich subjektiv wirklich wohl fühlt? Ist ein Mensch mit einer unheilbaren Krankheit wirklich krank, wenn er seine Reaktion auf die objektiv fehlende Gesundheit in Form von bewusstem Denken, Fühlen und Handeln so anpasst, dass er sich subjektiv tatsächlich wohl befindet?

Oder umgekehrt: Ist eine Person gesund, die sich körperlich, geistig und sozial nur scheinbar im Einklang mit den eigenen Möglichkeiten, Zielvorstellungen und jeweils gegebenen äußeren Lebensbedingungen befindet? Ein Mensch kann unter Umständen so von sich selbst entfremdet sein, dass er die negativen Folgen dieser Entfremdung in Form von schmerzhaften Gedanken und Emotionen sowie fehlgeleitetem Handeln nicht länger wahrnimmt. Eine Person, die den langfristigen Schmerz dieser Entfremdung nicht mehr spürt, kann subjektiv nicht gesund sein. Objektiv würde solch ein Mensch nicht zwangsläufig als krank eingestuft werden. Ein Beispiel: Sind politische Entscheidungsträger, die angetrieben von Macht einen Krieg in dem Wissen beginnen, dass er unzählige Leben kosten wird, und dabei keinen echten Schmerz empfinden, gesund?

Wir können demnach festhalten, dass ein Mensch, der im Einklang mit seinem wahren Selbst lebt, gesund ist. Hierbei werden das Innere des Selbst, externe Reize, dadurch ausgelöste interne Impulse (Gedanken und Emotionen) sowie die durch Selbsterkenntnis ermöglichte bewusste Reaktion darauf umfasst. Nicht das objektive vollständige körperliche, geistige und soziale Wohlergehen entscheidet über Gesundheit, sondern Selbsterkenntnis und das damit einhergehende bewusste Denken, Fühlen und Handeln.

Körperliche und geistige Gesundheit

Wenn Selbsterkenntnis und damit einhergehend das bewusste Denken, Fühlen und Handeln gesund sind, erhalten oder verbessern wir unsere Gesundheit, indem wir bewusst denken, fühlen und handeln. Dies kann bedeuten, dass wir bewusst auf Dinge verzichten, die unserem Körper und unserem Geist schaden, wie z. B. Zigaretten, zu viel Social Media, negativer Stress oder Isolation. Umgekehrt kann das Ergebnis eines bewussten Denkens, Fühlens und Handelns sein, dass wir unseren Fokus auf die Dinge legen, von denen unser Körper und Geist profitieren, z. B. regelmäßiger Sport, ausreichend Schlaf oder erfüllende Beziehungen. Welche Dinge dies sind, muss jeder Mensch für sich selbst herausfinden. Als Ankerpunkt sollte stets die bisherige und künftige Annäherung an das wahre Selbst dienen.

Wir haben bislang von körperlicher und geistiger Gesundheit gesprochen. Beides korreliert miteinander. Negative Gedanken und Emotionen können sich negativ auf unsere körperliche Gesundheit auswirken, während körperliche Beschwerden unsere Gedanken und Emotionen negativ beeinflussen können. Nur wer bewusst auf seine Gedanken und Emotionen reagiert und entsprechend handelt, kann geistig und körperlich langfristig gesund bleiben.

Ein philosophischer Exkurs: Entscheidungen, von denen du garantiert profitierst

Näher betrachtet haben wir lediglich auf Folgendes direkten Einfluss: Unsere bewusste Reaktion auf interne Impulse (Gedanken und Emotionen), die durch externe Reize ausgelöst werden. Ob wir tatsächlich krank werden, können wir letztendlich nur bedingt beeinflussen. Den Einfluss, den wir haben, sollten wir allerdings nutzen.

Nehmen wir an, du hast begonnen, dich deinem wahren Selbst anzunähern. Du denkst, handelst und fühlst bewusst. Damit weißt du auch, dass du die Freiheit hast, zu entscheiden, wie du auf Gedanken und Emotionen reagierst. Gehen wir weiterhin davon aus, dass du unerwartet die Diagnose einer unheilbaren Krankheit bekommst. Laut verschiedener Ärzte wirst du definitiv sterben. Vorausgesetzt, du möchtest leben - welche Entscheidung bzgl. deiner Reaktion auf die Diagnose wird dir weiterhelfen:

- Die Überzeugung, dass du deiner Krankheit hilflos ausgeliefert bist und es keine Hoffnung auf Heilung gibt?
- Der feste Glaube daran, dass du durch die richtige innere Haltung am Leben bleibst?

Die Antwort ist Reaktion Nummer zwei. Aufgrund der bewussten Entscheidung, daran zu glauben, dass du durch die richtige innere Haltung gesund wirst, erhöhst du nicht nur die Wahrscheinlichkeit deiner Genesung. Du wirst alles in deiner Macht stehende tun, um deine Krankheit zu besiegen, und trotz deiner Diagnose positiver und motivierter durchs Leben gehen, als wenn du anders reagierst. Wenn du dennoch stirbst, hast du wenigstens den Rest deines Lebens optimistisch und hoffnungsvoll verbracht. Du hast in jedem Fall etwas gewonnen.

Eine andere Alternative, um mit unheilbaren Krankheiten besser umzugehen, ist die Erkenntnis, dass der Tod nicht schlimm ist. Glaubst du nicht an ein Leben nach dem Tod, ist ohnehin jedes Leid vorbei, wenn du stirbst. Du nimmst dann nichts mehr wahr. Deshalb wirst du auch nicht traurig über dein verkürztes Leben sein. Statt angesichts deines Schicksals zu verzweifeln und dein kommendes Ende zu befürchten, kannst du dein restliches Leben in vollen Zügen genießen. Wenn du dein Leben magst und davon ausgehst, dass es nach dem Tod endgültig vorbei ist, ist dies die logische Konsequenz.

Glaubst du an ein Leben nach dem Tod, ist es unter Umständen sogar noch besser. Löst sich die Seele von deinem Körper, bist du von allen weltlichen Leiden befreit. Je nachdem, woran du glaubst, landest du im Paradies oder wirst neu geboren.

Letztendlich können wir nicht wissen, was uns nach dem Tod erwartet. Genauso wenig können wir garantiert vorhersagen, was der nächste Tag bereithält. Allerdings haben wir die Freiheit zu entscheiden, woran wir glauben. Egal was uns passiert, wir können bewusst darauf reagieren, wenn wir uns bemühen. Wir sollten uns deshalb entscheiden, das zu glauben, was am ehesten im Einklang mit unserem wahren Selbst steht und wovon wir am meisten profitieren. Nicht die Gesundheit an sich führt zu einem selbstbestimmten, glücklichen und erfolgreichen Leben. Es ist unser bewusstes Denken, Fühlen und Handeln kombiniert mit den richtigen Entscheidungen, die den Unterschied machen.

Fragen, die du dir in Bezug auf deine Gesundheit stellen solltest:

- Was bedeutet Gesundheit bzw. Krankheit für dich?
- Fühlst du dich gesund?
- Was tust du, um deine Gesundheit aufrechtzuerhalten bzw. zu verbessern?
- Inwiefern wirkt sich dein Verhalten auf die Gesundheit deiner Mitmenschen aus?
- Wie gehst du gedanklich, emotional und handlungstechnisch mit Krankheiten um?
- Hast du Angst vor Krankheiten oder dem Tod, und wenn ja, warum?

Spiritualität: Die Kraft des Glaubens

Spiritualität umfasst die Annahme, dass es eine sinnlich nicht fassbare oder rational nicht erklärbare transzendente Wirklichkeit gibt. Diese transzendente Wirklichkeit kann für jeden Menschen, abhängig von seinen Überzeugungen, anders aussehen. Paradies, Nirvana oder Ewigkeit sind einige

Begriffe dafür. Ich nenne sie das immaterielle Sein. Die transzendente Wirklichkeit bzw. das immaterielle Sein liegt der materiellen Welt bzw. dem materiellen Sein zugrunde.

Spirituelle Einsichten können mit Sinn- und Wertfragen des Lebens oder der Erfahrung einer ganzheitlichen Welt in ihrer Verbundenheit mit der eigenen Existenz einhergehen. Sie sind geprägt von einem tiefen Gefühl der Verbundenheit, Einsicht oder sogar Erleuchtung. Spiritualität wird häufig mit der Integration des Heiligen, Unerklärlichen oder ethisch Wertvollen ins eigene Leben in Verbindung gebracht. Dabei handelt es sich um intensive psychische, höchstpersönliche Zustände und Erfahrungen, die direkte Auswirkungen auf unsere Lebensführung und ethischen Vorstellungen haben.

Die Voraussetzung für Spiritualität ist eine religiöse Überzeugung. Religiosität ist dabei jedoch nicht als Zugehörigkeit zu einer bestimmten Religion oder Glaubensrichtung zu verstehen. Vielmehr geht es um die Überzeugung, dass alles letzten Endes auf einer ganzheitlichen, jedoch transzendenten und damit nicht erklär- oder beweisbaren Wirklichkeit beruht. Durch die Integration des Heiligen oder ethisch Wertvollen kann man sich dieser transzendenten Wirklichkeit annähern. Man kann sie allerdings niemals vollständig erreichen, solange man sich in der materiellen Welt befindet.

Wenn ich von der Annäherung an das wahre Selbst spreche, meine ich damit die Annäherung an die transzendente Wirklichkeit bzw. das immaterielle Sein. Wir sollten es uns zum Ziel setzen, dem wahren Selbst Zeit unseres Lebens und darüber hinaus so nah wie möglich zu kommen. Dies ist der Weg des wahren Selbst. Er wird durch bewusstes Denken, Fühlen und Handeln ermöglicht. Gleichzeitig werden unser Denken, Fühlen und Handeln umso bewusster, je näher wir unserem wahren Selbst kommen.

Ein Argument für den Glauben an das wahre Selbst

Ob es das immaterielle Sein oder das wahre Selbst wirklich gibt, lässt sich empirisch nicht beweisen. Dieser Beweis ist allerdings auch nicht notwendig. Wenn du beginnst, den Weg des wahren Selbst zu gehen, wirst du erkennen, warum. Sollte es dir schwerfallen, daran zu glauben, findest du im Folgenden ein simples Argument für den Glauben an das wahre Selbst.

Gehen wir von Person A und B aus. Person A glaubt an das wahre Selbst, Person B tut dies nicht. Person A wird sich bemühen, den Weg des wahren Selbst zu gehen. Dadurch bekommt sie ein klares Lebensziel (Vision). Ihr gesamtes Denken, Fühlen und Handeln wird dadurch nicht nur bewusster, sondern auch viel erfüllter. Alles, was Person A tut, dient einem höheren Zweck, der mit ihrem wahren Selbst Hand in Hand einhergeht. Dies gibt ihr eine starke Motivation. Sie wird mehr und mehr die richtigen Dinge tun. Dadurch ist sie zufriedener und hat ein reineres Gewissen. Damit erhöht sich gleichzeitig die Wahrscheinlichkeit, dass Person A die Ziele auf dem Weg zu ihrer Vision tatsächlich erreicht. Des Weiteren wird sie ein wesentlich größeres Gefühl der Kontrolle über sich selbst und ihre Umwelt haben. Durch ihre Überzeugung hat sie außerdem das Gefühl, dass die richtigen Dinge mehr und mehr automatisch passieren. Probleme im klassischen Sinne gibt es nicht mehr.

Person B wird sich hingegen schwerer tun. Ihr fehlt der Glaube an das wahre Selbst oder etwas Größeres, das über die materielle Welt hinausgeht. Dadurch wird sie sich ausschließlich auf die materielle Welt konzentrieren. Weltliche Aspekte wie Genuss, Konsum, Besitz, Reichtum oder Macht stehen im Vordergrund. Um sich erfüllt zu fühlen, wird sie immer mehr brauchen. Je mehr sie jedoch hat, desto mehr wird das Gefühl der Erfüllung abnehmen. Es wird ihr zur Gewohnheit, immer mehr materielle Dinge zu besitzen. Irgendwann wird sie merken, dass die rein materielle Bedürfnisbefriedigung sie nicht länger erfüllt. Dann steht sie vor der Frage nach dem Sinn ihres Lebens. Wenn Person B keine gute Antwort findet, wird es problematisch. Die fehlende Erfüllung geht mit Leid einher. Ohne den Glauben an etwas, das über das materielle Sein hinausgeht, bleiben ihr nur die Mittel der materiellen Welt, um ihr Leid zu verringern. Doch diese hat sie ja bereits ausgeschöpft. Gelangt sie an diesem Punkt nicht zu der Erkenntnis, dass es sinnvoll ist, an etwas Transzendentes zu glauben, beginnt sie, sich von ihrem Selbst zu entfremden. Sie ignoriert und/oder verdrängt ihren Schmerz, indem sie im Materiellen (Konsum, Unterhaltung, Alkohol,

Drogen, Arbeit usw.) Ablenkung sucht. Entweder das Leid wird dadurch irgendwann so groß, dass Person B die Existenz einer transzendenten Welt anerkennt und damit ihren Lebenssinn findet, oder sie entfremdet sich gänzlich von ihrem Selbst, indem sie ihren Schmerz dauerhaft unterdrückt.

Spiritualität: Mehr als der Glaube an eine transzendente Wirklichkeit

Spiritualität geht über den Glauben an eine transzendente Wirklichkeit hinaus. Sie umfasst Themen wie Philosophie, Psychologie oder Physik. Prinzipiell steht Spiritualität für den Glauben an etwas und die Suche nach Wahrheit. Der Glaube kann sich auf verschiedene Bereiche beziehen. Somit kann auch die Wahrheit in unterschiedlichen Bereichen gesucht werden.

Ausschlaggebend für uns sollte immer sein, inwiefern sich unser Glaube und unsere Suche nach Wahrheit auf unser Leben auswirken. Finden wir dadurch Erfüllung, ist dies ein gutes Indiz. Ob wir wirklich erfüllt sind, können wir lediglich an unserem subjektiven Empfinden festmachen. Erfüllung bedeutet nicht die gänzliche Abwesenheit von Leid. Vielmehr bezieht sie sich auf das grundlegende Gefühl, auf dem richtigen Weg zu sein und einen Lebenssinn zu haben. Erfüllung ist von einem grundsätzlichen Gefühl der Zufriedenheit geprägt. Motivation, Zuversicht, Vertrauen und Selbstbestimmung gehen u. a. mit ihr einher.

Verhelfen uns unser Glaube und unsere Suche nach Wahrheit zu einem Leben, das sich durch solch eine Art der Erfüllung auszeichnet, befinden wir uns bereits auf dem richtigen Weg. Ich persönlich habe erst durch den Antritt des Weges des wahren Selbst Erfüllung gefunden. Andere Menschen finden sie auf anderem Weg. Fest steht jedoch, dass wir etwas benötigen, woran wir glauben können, für das es sich zu leben lohnt und das uns antreibt. Was das ist, kann und muss jeder Mensch für sich selbst entscheiden.

Nutze den Einfluss, den du hast.

Es gibt verschiedene Aspekte, auf die wir unterschiedlich starken Einfluss haben. Stephen R. Covey unterscheidet in seinem Modell des *Circle of Influence* zwischen drei Bereichen:

- Direkter Einfluss: Dinge, die wir direkt beeinflussen können - bei genauerem Hinsehen lediglich unsere Reaktion auf interne Impulse, die durch externe Reize ausgelöst werden
- Indirekter Einfluss: Dinge, die wir durch unsere Reaktion auf interne Impulse indirekt beeinflussen können, z. B. ob wir unsere Ziele erreichen oder ob unsere Beziehungen funktionieren
- Kein Einfluss: Dinge, auf die wir keinerlei Einfluss haben, z. B. das Wetter oder Krieg in einem anderen Land

Bei genauerer Betrachtung liegt lediglich unsere Reaktion auf durch externe Reize hervorgerufene interne Impulse in unserem direkten Einflussbereich. Alles, was in der Zukunft passiert oder an dem in irgendeiner Form etwas im Außen beteiligt ist, können wir nur indirekt beeinflussen.

Ein Beispiel: Du hast keinen direkten Einfluss darauf, ob du morgen früh zu einer bestimmten Uhrzeit aufwachst. Es kann sein, dass du deinen Wecker nicht hörst oder er aus irgendeinem Grund nicht funktioniert. Direkt beeinflussen kannst du nur deine Reaktion auf interne Impulse im Hier und Jetzt. Der externe Reiz, um morgen zu einer bestimmten Uhrzeit aufzustehen, ist beispielsweise deine Arbeit oder eine Verabredung. Dieser externe Reiz löst einen internen Impuls in Form eines Gedankens und/oder einer Emotion aus: Die Motivation, jetzt deinen Wecker zu stellen, damit du morgen früh rechtzeitig aufwachst. All dies kannst du nicht direkt beeinflussen. Lediglich deine Reaktion auf den internen Impuls liegt in deinem direkten Einflussbereich: Du reagierst auf die Motivation, deinen Wecker jetzt zu stellen, indem du entscheidest, es zu tun oder nicht.

In dem Moment, wo du entscheidest, deinen Wecker zu stellen, trittst du mit der Außenwelt in Kontakt. Theoretisch könnte dein Smartphone in genau dieser Sekunde kaputt gehen. Dann kannst du dort keinen Wecker mehr stellen. Direkt beeinflussen kannst du wiederum nur, wie du auf den internen Impuls reagierst, der durch das Kaputtgehen deines Smartphones ausgelöst wird. All dies geschieht in deinem Inneren. Sobald du eine Entscheidung getroffen hast und tatsächlich durch eine Handlung reagierst, trittst du mit der Außenwelt in Kontakt, auf die du nur indirekt Einfluss hast.

Die Wahrscheinlichkeit, dass dein Smartphone einfach so kaputtgeht, ist sehr gering. Deshalb haben wir in der Praxis auf wesentlich mehr Dinge (ziemlich) direkten Einfluss als nur unsere Reaktion auf interne Impulse. Wollen wir beispielsweise in einem beliebigen Laden etwas Beliebiges kaufen, ist die Wahrscheinlichkeit sehr hoch, dass uns das, was wir wollen, verkauft wird, wenn wir den Preis dafür bezahlen. Demnach können wir durch unsere bewusste Entscheidung auch (ziemlich) direkt beeinflussen, woran wir glauben.

Es ist empfehlenswert, sich primär auf das zu konzentrieren, worauf wir (ziemlich) direkten Einfluss haben, z. B. ins Fitnessstudio zu gehen, sich gesund zu ernähren, wie wir mit unseren Mitmenschen umgehen, welche Bücher wir lesen usw. Je häufiger wir die richtigen Entscheidungen bzgl. unserer Reaktion auf interne Impulse treffen, desto positiver wird sich dies auf uns auswirken. Dadurch erlangen wir Selbstvertrauen und steigern das Gefühl der Selbstwirksamkeit. Somit weiten wir unseren (ziemlich) direkten Einflussbereich mehr und mehr aus.

Treffen wir die richtige Entscheidung bzgl. unserer Reaktion auf einen internen Impuls in Bereich A, wirkt sich dies voraussichtlich positiv auf das Ergebnis aus. Dadurch werden wir in unserer Fähigkeit bestärkt, die richtigen Entscheidungen zu treffen und durch unser Handeln Einfluss zu nehmen. Somit erhöht sich die Wahrscheinlichkeit, dass wir auch in Bereich B die richtige Entscheidung treffen und ein positives Ergebnis erzielen. Unser Gefühl der Selbstwirksamkeit wächst. Dadurch lernen wir, die richtige innere Haltung an den Tag zu legen, und ein positiver Kreislauf beginnt.

Treffen wir die falsche Entscheidung bzgl. unserer Reaktion auf interne Impulse, wirkt sich dies vermutlich negativ auf das Ergebnis aus. Dadurch verlieren wir das Vertrauen in unsere Fähigkeit, die richtigen

Entscheidungen zu treffen und Einfluss zu nehmen. Das Gefühl der Selbstwirksamkeit nimmt ab. Es besteht die Gefahr, dass wir uns die falsche innere Haltung aneignen und ein negativer Kreislauf beginnt. Diesen sollten wir schnellstmöglich unterbrechen. Die richtige Reaktion auf Fehlschläge ist deshalb, sie als Lehrmeister zu betrachten, daraus zu lernen und beim nächsten Mal bessere Entscheidungen zu treffen.

Dinge, die wir nur indirekt oder gar nicht beeinflussen können, sollten wir nicht in den Vordergrund unserer Aufmerksamkeit stellen. Wenn wir dies tun, öffnen wir potenziellem Leiden die Tür.

Ein Beispiel: Machst du deine Zufriedenheit vom Wetter oder der Erreichung eines Ziels wie einer Beförderung abhängig, knüpfst du dein Wohlbefinden an eine Bedingung im Außen. Ist das Wetter schlecht, verschlechtert sich deine Stimmung. Wirst du nicht befördert, bist du enttäuscht.

Stattdessen solltest du darauf achten, wie du auf das schlechte Wetter reagierst. Du kannst entscheiden, ob du dem negativen Impuls nachgibst, der durch das schlechte Wetter hervorgerufen wird, oder ob du ihn in eine positive Reaktion verwandelst.

Statt dich auf die Beförderung selbst zu konzentrieren, solltest du deine Aufmerksamkeit auf dein bewusstes Denken, Fühlen und Handeln richten. Dadurch rücken die Dinge in den Fokus, die die Wahrscheinlichkeit einer Beförderung erhöhen: Du hältst Fristen ein, bist pünktlich, gehst mit deinen Vorgesetzten entsprechend um usw.

Wenn du befördert wirst, freut dich das natürlich. Jedoch gibt dir bereits das bewusste Denken, Fühlen und Handeln Zufriedenheit. Du weißt, dass darin der Grund für deine Beförderung liegt. Wirst du nicht befördert, bist du vielleicht kurz enttäuscht, allerdings reagierst du richtig auf diesen Impuls. Du weißt, dass du durch dein bewusstes Denken, Fühlen und Handeln alles getan hast, was in deinem direkten Einflussbereich steht. Dadurch kannst du den scheinbaren Misserfolg leichter akzeptieren, daraus lernen und es beim nächsten Mal besser machen. Dadurch steigt wiederum die Wahrscheinlichkeit einer künftigen Beförderung.

Die Einflussbereiche des wahren Selbst

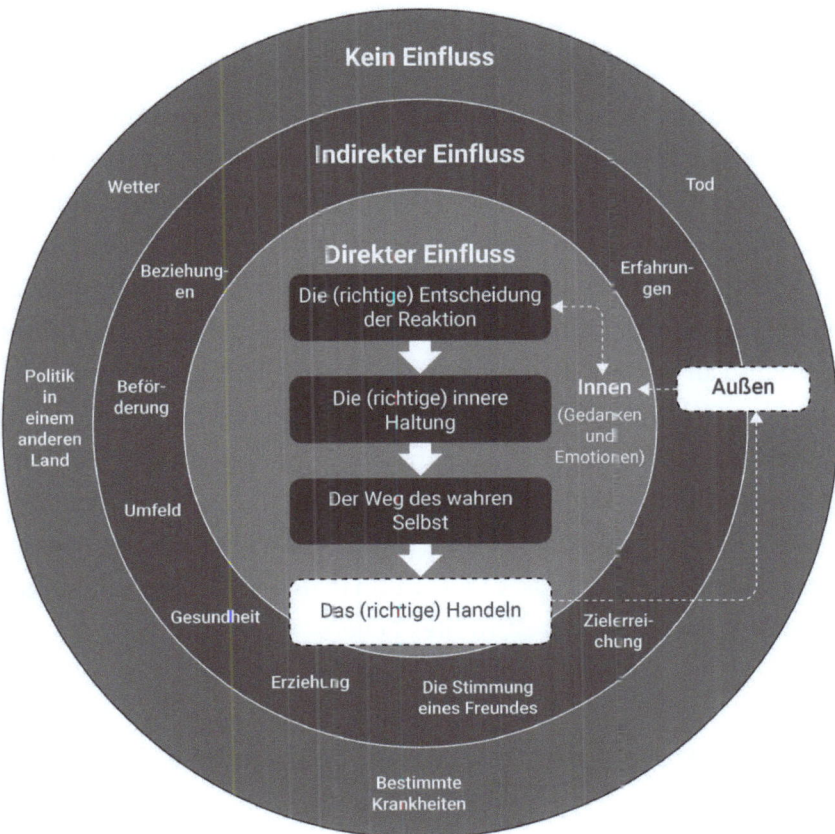

Fragen, die du dir in Bezug auf deine Spiritualität stellen solltest:

- Woran glaubst du und warum?
- Wie wirkt sich dein Glaube auf dein Leben und dein Umfeld aus?
- Inwiefern findest du durch deinen Glauben Erfüllung?
- Inwiefern hindert dich dein Glaube möglicherweise daran, Erfüllung zu finden?
- Was empfindest du, wenn du über das Konzept des materiellen und immateriellen Seins nachdenkst?
- Ergibt der Weg des wahren Selbst Sinn für dich?

Materielle Sicherheit: Die Auflösung der Angst

Materielle Sicherheit bezieht sich auf die Mittel, die wir für ein selbstbestimmtes, glückliches und erfolgreiches Leben benötigen. Beispiele sind Finanzen, Einkommen und Besitz. Abhängig von unserer Vision und den Zielen, die wir daraus ableiten, benötigen wir unterschiedliche finanzielle Mittel. Eine Person, deren Ziel es ist, ein Unternehmen zu gründen, benötigt andere Mittel als jemand, der sich das Ziel gesetzt hat, mit seiner Familie ein zufriedenes und genügsames Leben auf dem Land zu führen.

In jedem Fall werden unser Bedarf an materieller Sicherheit und unser Umgang mit Geld maßgeblich von unserem wahren Selbst bestimmt. Umgekehrt gilt, dass wir uns nur solche finanziellen Ziele stecken sollten, die im Einklang mit unserem wahren Selbst stehen. Als Leitfaden dient unsere Vision. Völlig unabhängig davon, wie unsere individuelle Vision aussehen mag, brauchen wir ein gewisses Maß an finanziellen Mitteln und materieller Sicherheit für ein selbstbestimmtes Leben.

Finanzielle Mittel aus dem Blickwinkel des wahren Selbst

Finanzielle Mittel bedeuten aus dem Blickwinkel des wahren Selbst Freiheit. Wenn wir lediglich die finanziellen Mittel erwirtschaften, die wir für ein auf unser Selbst ausgerichtetes Leben benötigen, tragen diese zu einem selbstbestimmten, glücklichen und erfolgreichen Leben bei. Hierbei spielt es keine Rolle, wie unsere Vision aussieht. Wir sollten uns darin üben, uns nicht mit anderen, sondern nur mit uns selbst zu vergleichen. Was interessiert es uns, wie viel Geld ein ehemaliger Kommilitone hat oder ob ein Arbeitskollege mehr verdient als wir? Wir haben keine Ahnung, ob der Verdienst eines anderen Menschen dazu beiträgt, dass er ein erfülltes Leben führt. Wir sollten uns darauf konzentrieren, unser eigenes Leben an unserem wahren Selbst auszurichten und Erfüllung zu finden. Deshalb sollten wir lediglich die finanziellen Mittel erwirtschaften, die wir dafür benötigen.

Wenn wir finanzielle Mittel in dem Ausmaß erzielen, wie sie für ein Leben im Einklang mit unserem wahren Selbst nötig sind, hat dies viele positive Folgen. Gefühle der Selbstsicherheit, Zielorientiertheit und Freiheit gehen damit einher. Die Tätigkeit, mit der wir unser Geld verdienen, trägt zur Realisierung unserer Vision bei. Alternativ setzen wir das Geld, das wir erwirtschaften, zur Verwirklichung unserer Vision ein. Wir sind integer mit dem, was wir tun. Dies definieren wir als die richtige Nutzung finanzieller Mittel.

Die falsche Verwendung finanzieller Mittel bezieht sich auf Geld, das wir erwirtschaften bzw. ausgeben, obwohl es nicht mit unserem wahren Selbst im Einklang steht. Finanzielle Mittel, die wir auf diese Art erwirtschaften oder ausgeben, führen zu Selbstzweifeln, Orientierungslosigkeit oder einem Gefühl der Leere. In diesem Fall führt Geld nicht zu Freiheit und Selbstbestimmung, sondern zu einer vorgetäuschten Abhängigkeit. Wir folgen einem falschen Gott.

Ein Beispiel: Nehmen wir einen Familienvater der unteren Mittelschicht und einen wohlhabenden Unternehmer. Der Familienvater hat alles, was er zum Leben braucht. Jeden Morgen geht er motiviert zur Arbeit, weil er genau weiß, dass das Geld, das er damit verdient, zu einem besseren Leben für seine Familie führt. Seine Frau und seine Kinder sind alles für ihn. Sie geben ihm genau das, was er sich immer gewünscht hat. Er kann sich zwar keine großen Sprünge leisten, wie häufige Urlaube, neue Autos oder ein großes Haus, doch das braucht er auch nicht. Seine Kinder haben alles, was sie benötigen, sind glücklich und es ist genug für ihre spätere Ausbildung zur Seite gelegt. Seine Frau ist ebenfalls zufrieden und weiß sehr zu schätzen, was ihr Mann für sie und ihre Kinder tut. Zudem haben die Eltern genug Zeit, sich um ihre Kinder zu kümmern und sie heranwachsen zu sehen. Auch wenn der Familienvater es nicht weiß, führt er ein an seinem wahren Selbst ausgerichtetes Leben und erwirtschaftet lediglich die finanziellen Mittel, die er hierfür braucht.

Der Unternehmer hingegen hat mehrere Immobilien, diverse Sportwagen und mehr Geld auf dem Konto, als er in den nächsten fünfzehn Jahren ausgeben kann. Zudem bringt sein Vermögen jedes Jahr so viel Geld ein, dass er voraussichtlich bis an sein Lebensende nicht mehr arbeiten muss. Dennoch hat der Unternehmer häufig Probleme einzuschlafen, ist regelmäßig am Grübeln und fühlt sich oft gestresst, unsicher, ja sogar leer. Er hat mehr Geld und Besitz, als viele Menschen es sich überhaupt vorstellen können. Er feiert Partys, ist auf Booten unterwegs und hat beinahe die ganze Welt gesehen. Doch das reicht ihm nicht. Er hat nie genug, braucht immer mehr. Nach einem Erlebnis jagt er sofort das nächste. Nach einer getätigten Investition denkt er bereits wieder darüber nach, wie er sein Geld noch weiter vermehren kann. Wofür, weiß er selbst nicht. Er ist getrieben, ohne dass er sein Ziel jemals erreichen kann. Was genau sein Ziel ist, weiß er nicht. Einfach immer mehr. Auch wenn er sich dessen nicht bewusst ist, erwirtschaftet bzw. wendet der Unternehmer seine finanziellen Mittel für ein Leben auf, das weit entfernt von seinem wahren Selbst ist.

Zugegeben, dies sind extreme Beispiele, doch sie verdeutlichen die richtige und falsche Nutzung finanzieller Mittel. Viel Geld ist nicht zwangsläufig gut und wenig Geld ist nicht unbedingt schlecht. Die Menge an Geld, die wir besitzen, erwirtschaften oder ausgeben, sagt nichts über unsere Freiheit, Zufriedenheit oder unseren Erfolg aus. Wie wir uns fühlen - frei, zufrieden, erfolgreich - bestimmen wir selbst. Je näher wir unserem wahren Selbst kommen, desto eher werden wir dies erkennen. Folglich sollten wir lediglich die finanziellen Mittel auf die Art und Weise erwirtschaften oder ausgeben, wie es für ein Leben im Einklang mit unserem wahren Selbst nötig ist.

Buchführung mit dem wahren Selbst

Im Folgenden werden wir uns mit den wichtigsten Begriffen der Buchführung beschäftigen. Dabei betrachten wir, wie buchhalterische Begriffe aus dem Blickwinkel des wahren Selbst einzustufen sind und was sie auf nicht finanzieller oder materieller Ebene bedeuten.

Einnahmen

In der Buchführung werden Einnahmen als die Erhöhung des Geldvermögens definiert. Es handelt sich also um den Zufluss von Zahlungsmitteln und/oder das Erlangen von Forderungen. Beispiele sind unser Gehalt, Zinsen, Dividenden, das Geld, das wir aufgrund von gestellten Rechnungen bekommen, oder auch die Forderungen, die sich daraus ergeben.

Um Einnahmen zu erzielen, müssen wir eine Leistung erbringen. Diese erfolgt in Form von Arbeitszeit und Energie. Als Arbeitnehmer erhält man üblicherweise ein Jahresgehalt, das auf einer Arbeitszeit von 40 Wochenstunden basiert und anteilig am Monatsende ausgezahlt wird. In diesen 40 Wochenstunden müssen wir ein bestimmtes Maß an Energie aufwenden, um die vom Arbeitgeber erwartete Leistung zu erbringen.

Sind wir selbstständig oder haben eine eigene Firma, wenden wir Zeit und Energie auf, um eine Dienstleistung zu erbringen oder ein Produkt herzustellen. Durch den Verkauf der Dienstleistung oder Produkte erzielen wir wiederum Einnahmen.

Investieren wir unser Geld beispielsweise in ETFs (Exchange Traded Funds - börsengehandelte Fonds) oder Aktien, bringen wir einerseits Zeit und Energie auf, um die besten ETFs bzw. Aktien zu finden und deren Entwicklung zu überwachen. Andererseits haben wir in der Form einen Energieaufwand, dass wir psychisch mit dem Risiko einer potenziell negativen ETF- oder Aktienentwicklung klar kommen müssen. Des Weiteren müssen wir Zeit und Energie aufwenden, um Geld zu verdienen, das wir in ETFs oder Aktien anlegen können. Dies ist unsere erbrachte Leistung. Die Einnahmen erfolgen durch ein Wachstum der ETFs bzw. Aktien oder in Form von Dividenden.

Je mehr Energie wir in einer gewissen Zeitspanne aufwenden bzw. je weniger Zeit wir für das Aufwenden unserer Energie benötigen, desto mehr wächst unsere Leistung. Dadurch steigen theoretisch entweder unsere Einnahmen oder wir haben mehr Zeit.

Als Selbstständiger profitiert man davon, als Angestellter nicht unbedingt. In der Regel arbeiten Angestellte immer 40 Stunden pro Woche, unabhängig von der erbrachten Leistung. Als Angestellter hat man mehr

Sicherheit, als Selbstständiger trägt man das unternehmerische Risiko. Unterschreitet man das Mindestmaß der vom Arbeitgeber erwarteten Leistung, geht man als Arbeitnehmer höchstens das Risiko ein, seinen Job zu verlieren. In jedem Fall müssen wir regelmäßig eine Leistung erbringen, um Einnahmen zu erzielen.

Aus der Sicht des wahren Selbst sind Einnahmen das positive Resultat einer erbrachten Leistung. Positiv bezieht sich hierbei darauf, dass das Resultat im Einklang mit unserem wahren Selbst sein muss. Auf Grundlage dieser Definition erfolgen Einnahmen nicht nur durch die Erhöhung unseres Geldvermögens, sondern durch die Vermehrung unseres Vermögens im Allgemeinen. Wenden wir beispielsweise Zeit und Energie auf, um unserer Partnerin ein schönes Geburtstagsgeschenk zu machen oder auf eine lang ersehnte Reise zu gehen, erzielen wir Einnahmen durch die positiven Gefühle, die damit einhergehen. Erbringen wir eine Leistung in der Form, dass wir Sport machen oder unsere innere Haltung verbessern, erfolgen Einnahmen durch eine größere Lebenszufriedenheit oder mehr Selbstvertrauen.

Ausgaben

Ausgaben tragen zu einer Verminderung des Geldvermögens bei. Sie werden in der Buchhaltung als der Abfluss von Zahlungsmitteln und/oder das Eingehen von Zahlungsverpflichtungen, also Verbindlichkeiten, definiert. Beispiele sind alle Arten von Anschaffungen, wie der Kauf eines Autos, Smartphones oder Drinks in einer Bar sowie auch die Aufnahme eines Kredits. Während Einnahmen zu einer Erhöhung des Geldvermögens führen, gehen Ausgaben mit einer Verringerung dessen einher. Solange unsere Einnahmen höher sind als unsere Ausgaben, vermehrt sich unser Geldvermögen. Ist es umgekehrt, nimmt unser Geldvermögen ab.

Ausgaben sind also der Abfluss von etwas, das wir besitzen. Sie beziehen sich jedoch nicht nur auf Geld. Unsere Zeit und Energie können auch Ausgaben sein. So können wir beispielsweise unsere Zeit und Energie dafür aufwenden, unser Auto selbst zu reparieren, oder wir können jemanden dafür bezahlen.

Doch auch auf der emotionalen Ebene gibt es Ausgaben. Gehen wir zum Beispiel ein Herzensprojekt nicht an oder vernachlässigen uns zu lange selbst, besteht die Ausgabe in den negativen Gefühlen, die daraus resultieren. Wenn wir die falschen Dinge tun, wie beispielsweise abends wegzugehen, obwohl wir am nächsten Morgen eine wichtige Klausur schreiben, liegt die Ausgabe darin, dass wir die Klausur möglicherweise nicht bestehen. Damit können Gefühle von Selbstzweifel oder Reue einhergehen.

Aus dem Blickwinkel des wahren Selbst können wir Ausgaben demnach wie folgt definieren: Es handelt sich um den Abfluss von etwas, das wir besitzen, wobei das, was wir dadurch bekommen, mit einem positiven Aspekt verknüpft sein muss. Positiv bezieht sich auch hier wiederum darauf, dass das, was wir durch die Ausgabe erhalten, mit unserem wahren Selbst übereinstimmen muss.

Vermögen

Das Vermögen wird als die Summe der geldwerten Güter und Forderungen, die einer Person zur Verfügung stehen, definiert. Unser Vermögen basiert also auf dem Wert aller Güter, die wir besitzen, wie zum Beispiel Geld auf dem Konto, ETFs, Aktien, Immobilien oder den Forderungen, die wir gegenüber anderen haben.

Während wir eine regelmäßige Leistung erbringen müssen, um Einnahmen zu erzielen, ist unser Vermögen quasi das Resultat einer langfristig konsequent erbrachten Leistung. Einnahmen führen demnach langfristig zu Vermögen, solange sie die Ausgaben übersteigen.

Vermögen kann wiederum zu weiteren Einnahmen führen. Das Geld, das wir durch unsere erbrachte Leistung verdienen, können wir in ETFs, Aktien, Immobilien oder die Gründung eines eigenen Unternehmens investieren. Dadurch erhalten wir Dividenden, Mieteinnahmen oder Einnahmen aus dem Umsatz bzw. Gewinn des Unternehmens.

Generell ist es so, dass wir für regelmäßig gleichbleibende Einnahmen in der Regel auch eine gleichmäßige Leistung erbringen müssen. Um ein

Vermögen zu erwirtschaften, müssen wir für eine gewisse Zeitspanne eine Leistung erbringen, bei der die Einnahmen unsere Ausgaben überschreiten. Alternativ können wir auch unsere Ausgaben senken. In jedem Fall müssen unsere Einnahmen höher als unsere Ausgaben sein.

Dies zahlt sich dadurch aus, dass wir eine verhältnismäßig geringere Leistung erbringen müssen, um unser Vermögen zu erhalten, wenn dieses erst einmal erwirtschaftet ist. Die Voraussetzung dafür ist, dass wir richtig mit unserem Geld umgehen. Zudem führt unser Vermögen zu weiteren Einnahmen, wenn wir es gewinnbringend anlegen.

In diesem Zusammenhang ist zu beachten, dass nicht alle Vermögenswerte, die wir möglicherweise als solche sehen, unser Vermögen tatsächlich vermehren. So kann eine Immobilie unser Vermögen beispielsweise steigern, wenn wir Mieteinnahmen damit erzielen oder sie teurer weiterverkaufen. Der Kauf einer Immobilie führt jedoch gleichzeitig zu hohen Ausgaben und laufenden Kosten, wie zum Beispiel die Aufnahme eines Kredits oder Reparaturen. Bei anderen Dingen, die wir fälschlicherweise zu unserem Vermögen zählen, handelt es sich tatsächlich um Verbindlichkeiten. So erhalten wir beim Kauf eines Neuwagens zwar das Auto, doch dieses verliert unmittelbar danach an Wert und führt zu weiteren Ausgaben wie Benzinkosten oder Versicherungsbeiträgen.

Auch unser Vermögen geht über finanzielle und/oder materielle Dinge hinaus. Wenn wir zum Beispiel regelmäßig ins Fitnessstudio gehen und uns gesund ernähren, führt dies langfristig zu einer besseren körperlichen und geistigen Gesundheit. Unser Vermögen besteht also in dem Aufbau von langfristiger Zufriedenheit und Wohlbefinden. Begeben wir uns auf die Reise zu unserem wahren Selbst und erbringen die entsprechende Leistung hierfür, führt dies zu einem langfristig selbstbestimmten, glücklichen und erfolgreichen Leben. Hierin besteht unser Vermögen.

Aus der Sicht des wahren Selbst ist Vermögen demnach das positive Resultat einer langfristig kontinuierlich erbrachten Leistung. Positiv bezieht sich hierbei wiederum darauf, dass das Vermögen im Einklang mit unserem wahren Selbst stehen muss.

Verbindlichkeiten

Verbindlichkeiten werden als die Verpflichtung eines Schuldners zum Erbringen einer Gegenleistung an den Gläubiger verstanden, nachdem dieser eine Leistung erbracht hat. In anderen Worten handelt es sich um Schulden. Verbindlichkeiten umfassen also alle Schulden, die wir gegenüber anderen haben, wie beispielsweise Kreditrückzahlungen, monatliche Mietkosten oder unbeglichene Rechnungen.

Verbindlichkeiten führen zu dem Zeitpunkt, zu dem sie beglichen werden, zu Ausgaben und damit zu einem sinkenden Vermögen. Während Ausgaben in der Regel sofort getätigt werden, wie zum Beispiel die Bezahlung im Supermarkt, erhält man bei einer Verbindlichkeit zu einem bestimmten Zeitpunkt eine Leistung, wie beispielsweise eine Immobilie. Diese Leistung muss schrittweise über einen späteren Zeitraum hinweg beglichen werden.

Je mehr Verbindlichkeiten wir haben - ein Auto, eine Mietwohnung oder ein Spotify-Abonnement -, desto mehr steigen unsere Ausgaben und desto mehr sinkt unser Vermögen. Natürlich erhalten wir dafür auch eine Gegenleistung wie Mobilität, ein bestimmtes Wohngefühl oder regelmäßigen Musikgenuss. Es liegt an uns zu entscheiden, ob das, was wir für die erhaltene Leistung bezahlen, diese Leistung wert ist. Der einfachere Weg, unser Vermögen zu vermehren, liegt häufig nicht darin, mehr Einnahmen zu erzielen, sondern unsere Verbindlichkeiten bzw. Ausgaben zu senken. Wir sollten uns fragen, wofür wir unser Geld ausgeben, ob wir die erhaltene Leistung wirklich benötigen und ob sie im Einklang mit unserem wahren Selbst steht.

Verbindlichkeiten gibt es auch auf nicht finanzieller und/oder materieller Ebene. Wenn wir beispielsweise über einen zu langen Zeitraum hinweg zu wenig Zeit für unsere Beziehung aufwenden, gehen wir eine Verbindlichkeit gegenüber unserer Partnerin ein. Wir schulden ihr also zu einem späteren Zeitpunkt das Maß an Aufmerksamkeit, welches wir ihr zuvor nicht entgegengebracht haben.

Kümmern wir uns zu lange nicht um unsere Gesundheit, weil wir zum Beispiel viel Alkohol trinken, rauchen und wenig Sport machen, gehen wir eine Verbindlichkeit gegenüber uns selbst ein. Wir tauschen den Spaß im Jetzt dagegen ein, dass wir uns später schlecht fühlen. Um unsere mangelnde Gesundheit auszugleichen, müssen wir später vermehrt Sport machen und im Zweifel gänzlich auf Alkohol oder Zigaretten verzichten. Bauen wir über einen gewissen Zeitraum zu große Verbindlichkeiten auf, sind diese im schlimmsten Fall unumkehrbar und führen zu gravierenden negativen Folgen: Unsere Beziehung geht in die Brüche oder unsere Gesundheit wird unwiderruflich geschädigt.

Aus dem Blickwinkel des wahren Selbst sind Verbindlichkeiten die spätere Begleichung einer Leistung, die wir zuvor erhalten haben und die ein positives Resultat zur Folge hat. Positiv bezieht sich auch hierbei darauf, dass die erhaltene Leistung im Einklang mit unserem wahren Selbst stehen muss.

Nichts im Leben ist umsonst: Wenn Einnahmen zu Verbindlichkeiten werden

Was für uns Einnahmen oder Ausgaben bzw. Vermögen oder Verbindlichkeiten sind, müssen wir selbst entscheiden. So kann beispielsweise der Besuch im Fitnessstudio für Person A eine Einnahme sein, die langfristig zu Vermögen führt, während er für Person B eine Ausgabe ist. Person A fühlt sich durch das Training möglicherweise gut und sieht die langfristigen positiven Folgen von regelmäßigem Sport. Für Person B hingegen stellt der Besuch im Fitnessstudio eine reine Zeitverschwendung dar, weil sie ihre Zeit lieber darauf verwendet, ihre Freunde zu sehen, zu kochen oder ein Buch zu lesen. Je mehr wir uns unserem wahren Selbst annähern, desto besser können wir zwischen Einnahmen und Ausgaben bzw. Vermögen und Verbindlichkeiten unterscheiden.

Doch selbst für ein und dieselbe Person können Einnahmen in Bereich A zu einem Vermögen in diesem Bereich führen, während sie Verbindlichkeiten in Bereich B zur Folge haben und umgekehrt. Sagen wir, jemand möchte seine Karriere vorantreiben und gleichzeitig eine glückliche

Beziehung führen. Wenn diese Person sich auf ihre Karriere fokussiert, steigt ihr Vermögen langfristig in diesem Bereich. Sie wird in ihrer Karriere erfolgreich sein. Dafür muss sie jedoch Zeit und Energie aufbringen. Demnach bleibt ihr weniger Zeit und Energie für andere Lebensbereiche wie ihre Beziehung. Während diese Person im Bereich ihrer Karriere ein Vermögen aufbaut, geht sie gleichzeitig im Bereich ihrer Beziehung Verbindlichkeiten ein.

Oder umgekehrt: Die Person entscheidet sich, mit ihrer Partnerin essen zu gehen, statt ein wichtiges Projekt bei der Arbeit zu Ende zu bringen. Es handelt sich also um eine Ausgabe im Bereich ihrer Karriere. Diese führt entweder zu einem sinkenden Vermögen oder zu steigenden Verbindlichkeiten im Karrierebereich. So wird die Person möglicherweise nicht befördert oder muss am nächsten Tag Überstunden machen. Gleichzeitig steigt jedoch das Vermögen im Bereich der Beziehung. Die Person hat einen wunderschönen Abend mit ihrer Partnerin verbracht, wodurch sich die Beziehung intensiviert.

Wenn Einnahmen zu Verbindlichkeiten werden

	Bereich A (Karriere)		Bereich B (Beziehung)	
Einnahme in Bereich A (Karriere)	Vermögen ↑	Verbindlichkeiten	Vermögen	Verbindlichkeiten ↑
Ausgabe in Bereich A (Karriere)	Vermögen ↓	Verbindlichkeiten ↑	Vermögen ↑	Verbindlichkeiten

- Einnahmen in Bereich A (Karriere) können zu einem steigenden Vermögen in Bereich A und gleichzeitig zu steigenden Verbindlichkeiten in Bereich B (Beziehung) führen
- Ausgaben in Bereich A (Karriere) können entweder zu einem sinkenden Vermögen oder steigenden Verbindlichkeiten in Bereich A führen, während sie gleichzeitig zu einem steigenden Vermögen in Bereich B (Beziehung) führen können

Alles, was wir tun, hat Folgen. Es ist unmöglich, in allen Bereichen zu profitieren. Wir haben nur ein gewisses Maß an Zeit und Energie. Wie wir dieses aufwenden, müssen wir selbst entscheiden. Je mehr wir uns unserem wahren Selbst annähern, desto eher können wir die beste Entscheidung für uns treffen. Wir werden immer besser verstehen, was Einnahmen und Ausgaben bzw. Vermögen und Verbindlichkeiten für unser wahres Selbst bedeuten. Es ist völlig in Ordnung, auf kurzfristige Einnahmen zu verzichten oder kurzfristige Verbindlichkeiten einzugehen, wenn wir der Überzeugung sind, dass sie zu einem langfristigen Aufbau unseres Gesamtvermögens führen (ein mehr mit unserem wahren Selbst im Einklang stehendes Leben).

Verzichten wir beispielsweise darauf, am Samstagabend zum Geburtstag unseres besten Freundes zu gehen, weil wir am Montagmorgen eine wichtige Klausur schreiben, entgehen uns der Spaß einer Party und die Zeit mit unserem Freund. Dafür bekommen wir eine gute Note, beenden unser Studium erfolgreich und kommen im Leben voran. Weil uns unser Freund wichtig ist, laden wir ihn nach der Klausur zu einem gemeinsamen Abendessen ein. Wir haben eine kurzfristige Verbindlichkeit im Bereich unserer Freundschaft aufgebaut, die wir jedoch später begleichen und die langfristig zu einem gesteigerten Gesamtvermögen führt. Gehen wir am Samstagabend hingegen auf die Party, sind wir am Sonntag möglicherweise verkatert und unmotiviert. Deshalb lernen wir nicht ausreichend, fallen durch die Klausur, müssen das Semester schlimmstenfalls wiederholen und schließen unser Studium nicht so ab, wie wir uns dies gewünscht haben.

Kurzfristige Verbindlichkeiten und der langfristige Aufbau des Gesamtvermögens

	Freundschaft		Studium		Langfristiger Aufbau (wahres Selbst)	
Lernen	Vermögen (kurzfristig)	Verbindlichkeiten (kurzfristig) ↑	Vermögen (kurzfristig) ↑	Verbindlichkeiten (kurzfristig)	Gesamtvermögen ↑	Gesamtverbindlichkeiten
Zur Party gehen	Vermögen (kurzfristig) ↑	Verbindlichkeiten (kurzfristig)	Vermögen (kurzfristig)	Verbindlichkeiten (kurzfristig) ↑	Gesamtvermögen	Gesamtverbindlichkeiten ↑

Dies ist ein vereinfachtes Beispiel. In anderen Fällen kann es sinnvoll sein, auf die Party zu gehen, beispielsweise, wenn wir unseren besten Freund zu lange vernachlässigt haben oder wenn das Studium nicht im Einklang mit unserem wahren Selbst steht. So würden wir möglicherweise Verbindlichkeiten gegenüber unserer Gesundheit aufbauen, weil wir zur Party gehen und trotz Schlafmangel oder Kater in dem Ausmaß lernen, wie es für das Schreiben einer guten Klausur nötig ist.

Dieses Beispiel soll verdeutlichen, dass wir nicht alles haben können und uns nur ein begrenztes Maß an Zeit und Energie zur Verfügung steht. Jede Handlung führt in einem Bereich zu Einnahmen bzw. Vermögen, während sie in einem anderen Bereich gleichzeitig Ausgaben bzw. Verbindlichkeiten zur Folge haben kann. Wofür wir unsere Zeit und Energie aufwenden, ist uns überlassen. Je bewusster wir denken, fühlen und handeln, desto gewinnbringender können wir unsere Zeit und Energie einsetzen. Dies hat ein selbstbestimmtes, glücklicheres und erfolgreicheres Leben zur Folge.

Fragen, die du dir in Bezug auf deine materielle Sicherheit stellen solltest:

- Wofür gibst du dein Geld aus bzw. wofür wendest du deine Zeit und Energie auf?
- Wächst dein materielles und nicht materielles Gesamtvermögen durch deine Einnahmen bzw. Ausgaben oder sinkt es?
- Was bedeuten Einnahmen und Ausgaben bzw. Vermögen und Verbindlichkeiten für dich?
- Stehen deine Einnahmen und Ausgaben im Einklang mit deinem wahren Selbst?
- Worin bestehen deine finanziellen Ziele?
- Welche Strategie hast du, um deine finanziellen Ziele zu erreichen?

Das wahre Selbst in der Praxis

Wir sind nun am Ende von *Erwache! Die Kunst, du selbst zu sein* angelangt. Die hier vorgestellte Philosophie soll dir einen praxisnahen Leitfaden geben, um ein selbstbestimmtes, glückliches und nach eigenen Maßstäben erfolgreiches Leben zu führen.

Wie du vielleicht bemerkt hast, sind philosophische und psychologische Aspekte für ein erfülltes Leben entscheidend. Philosophie bezieht sich auf das Streben nach Erkenntnis über den Sinn des Lebens bzw. darauf, wie jeder Mensch das Leben betrachtet. Psychologie umfasst alle bewussten und unbewussten psychischen Vorgänge des Erlebens und Verhaltens. Das bedeutet, dass es sich direkt auf dein Erleben und Verhalten auswirkt, wie du dich selbst und die Welt siehst. In anderen Worten hat deine persönliche Philosophie direkte Auswirkungen auf dein psychisches Wohlbefinden. Wir haben gesehen, dass wir die Freiheit haben, zu entscheiden, wie wir auf unsere internen Impulse reagieren, die durch externe Reize ausgelöst werden. Demnach haben wir auch die Freiheit, unsere persönliche Philosophie zu wählen.

Die hier vorgestellte Philosophie erhebt keinen Anspruch auf objektive Wahrheit oder Allgemeingültigkeit. Sie soll denjenigen auf praktische Art und Weise helfen, ein selbstbestimmtes, glückliches und erfolgreiches Leben zu führen, die sich mit dem Weg des wahren Selbst identifizieren können. Du hast die Freiheit zu entscheiden, ob du den Inhalt dieses Buches annimmst oder nicht. Findest du nur einige Teile hilfreich, solltest du nur diese nutzen. Das Hauptziel dieses Buches ist, dir die Relevanz der Selbsterkenntnis vor Augen zu führen und wie du diese für dich nutzen kannst. In welchem Umfang und in welcher Form du dies tust, ist dir überlassen. Du solltest dir lediglich bewusst sein, dass du es bist, der die Entscheidung hierfür trifft. Damit trägst auch du die Verantwortung für ein selbstbestimmtes, glückliches und erfolgreiches Leben.

Wer du wirklich bist...

Du wirst niemals gänzlich verstehen, wer du wirklich bist. Es wird immer Phasen geben, in denen du an dir zweifelst, egal, wie weit du dich deinem wahren Selbst annäherst und wie bewusst dein Denken, Fühlen und Handeln ist. Dies spielt jedoch keine Rolle. Durch die fortwährende Annäherung an dein wahres Selbst wirst du lernen, mit Phasen der Unsicherheit und des Selbstzweifels richtig umzugehen. Du wirst erkennen, dass es sich hierbei weniger um etwas Negatives, sondern vielmehr um Phasen des persönlichen Wachstums handelt. Für diese Erkenntnis sind bewusstes Denken, Fühlen und Handeln notwendig. Selbsterkenntnis hilft dir, augenscheinlich negative interne Impulse richtig zu interpretieren und entsprechend darauf zu reagieren. Positive Emotionen sind nicht unbedingt gut und negative Gefühle sind nicht zwangsläufig schlecht. Es kommt darauf an, dass du deine Gedanken und Emotionen richtig interpretierst und entsprechend darauf reagierst. Der Weg des wahren Selbst wird dir dabei helfen. Es lohnt sich also, diesen Weg zu gehen und dich deinem wahren Selbst fortwährend anzunähern.

...Und wie du die Welt verändern kannst: Praktiziere Achtsamkeit durch bewusstes Denken, Fühlen und Handeln

Du weißt nun, wie du den Weg des wahren Selbst beschreiten und einem glücklichen, selbstbestimmten sowie nach eigenen Maßstäben erfolgreichen Leben näherkommen kannst, wenn du dies möchtest. Wir haben außerdem gesehen, dass sich das gesamte Leben auf unserem Planeten verbessert, je mehr Menschen diesen Weg gehen. Demnach kannst du die Welt zum Besseren verändern, indem du die Reise zu deinem wahren Selbst antrittst.

Dieser Weg ist zwar der einzig Richtige, jedoch wirst du auf deiner Reise dennoch mit Herausforderungen wie Ängsten, Unsicherheit und Selbstzweifeln konfrontiert werden. Diese Herausforderungen werden dir zwangsläufig begegnen, da sie ein ganz normaler Bestandteil des Lebens und deines persönlichen Wachstumsprozesses sind. Du wirst außerdem mit zusätzlichen Herausforderungen von außen konfrontiert werden, da unsere Gesellschaft (noch) nicht darauf ausgelegt ist, dass jeder Mensch den Weg seines wahren Selbst geht. Dies bedeutet jedoch nicht, dass du es nicht versuchen solltest. Nur wenn wir unser Denken, Fühlen und Handeln gemeinsam bewusster gestalten, kann die gesamte Menschheit einem selbstbestimmten, glücklichen und nach eigenen Maßstäben erfolgreichen Leben näherkommen.

Um mit den Herausforderungen, die dir auf deiner Reise begegnen werden, besser klarzukommen, findest du im Folgenden einige Methoden, um dein Denken, Fühlen und Handeln bewusst zu halten, selbst wenn es schwer wird. Die bewusst, unterbewusst und nicht interpretierende Beobachtung sind bereits ein sehr gutes Hilfsmittel, um dich auf das Wesentliche zu besinnen, wenn du vom Weg des wahren Selbst abzukommen drohst. Da wir diese Beobachtungsarten bereits ausführlich behandelt haben, werden wir an dieser Stelle nicht nochmal im Detail darauf eingehen. Vielmehr betrachten wir konkrete Ansätze, die darüber hinausgehen und die du anwenden kannst, wenn es schwer wird.

Der richtige Umgang mit Selbstzweifeln: Nutze den inneren Kritiker

Die Psychologie definiert Selbstzweifel als Zweifel an der eigenen Person oder am eigenen Selbst. Wer unter Selbstzweifeln leidet, befindet sich in einer inneren Unzufriedenheit und Unsicherheit, bezogen darauf, was er oder sie tut, kann oder will. Man nimmt sich selbst subjektiv negativ wahr und übersieht Positives.

Selbstzweifel sind also Zweifel, die sich direkt auf das eigene Selbst beziehen. Deshalb auch der Name Selbst-Zweifel. Unter Selbstzweifel fallen beispielsweise Versagensängste, Unsicherheit in Bezug auf die eigenen Fähigkeiten, die Sorge darüber, wie man bei anderen ankommt, oder auch Zweifel am eigenen Durchhaltevermögen.

Werfen wir zuerst einen Blick auf mögliche Ursachen von Selbstzweifeln. Negative traumatische Erfahrungen, fehlende Zuneigung von anderen, Diskriminierung in der Gesellschaft, Konkurrenzkampf, Überforderung oder Schuldgefühle sind nur einige Ursachen, die in der Literatur genannt werden. Fehlende Zuneigung von anderen, insbesondere von den eigenen Eltern, kann beispielsweise dazu führen, dass man Schwierigkeiten hat, sich selbst zu lieben. Deshalb zweifelt man an der eigenen Liebenswürdigkeit und hat Angst, auch von anderen Menschen keine Liebe zu erfahren. Ein übermäßiger Konkurrenzkampf kann darin resultieren, dass man sich zu sehr mit anderen vergleicht, weil man ständig im Wettbewerb mit ihnen steht. Dies führt zu einem inneren Druck, sich ständig beweisen und den anderen einen Schritt voraus sein zu müssen. Aufgrund dieses Vergleichs und inneren Drucks beginnt man sich zu fragen, ob die eigenen Fähigkeiten ausreichen, um dem Wettbewerb und Stress auf Dauer standhalten zu können. Dadurch werden Zweifel an der eigenen Kompetenz und Disziplin hervorgerufen.

Zusammengefasst lässt sich sagen, dass Selbstzweifel in der Regel die Folge von negativen äußeren Erfahrungen sind. Diese Erfahrungen werden in der Form interpretiert, dass man selbst für sie verantwortlich ist. Bei genauerem Hinsehen trifft dies in vielen Fällen jedoch nicht zu. Wenn Eltern beispielsweise das eigene Kind nicht lieben, liegt der Fehler eindeutig bei den Eltern und nicht beim Kind. Eltern, die nicht dazu fähig sind, ihre Kinder zu lieben, sollten schlicht und ergreifend keine Kinder haben. Das Kind kann also absolut nichts für die mangelnde Liebe vonseiten der Eltern. Dennoch zweifelt es im späteren Leben an der eigenen Liebenswürdigkeit und hat Angst, dass es auch von anderen Menschen keine Liebe erfahren wird.

In manchen Fällen sind die negativen Erfahrungen jedoch selbst verschuldet. Tötet man beispielsweise einen anderen Menschen fahrlässig durch unachtsames Autofahren, ist man selbst dafür verantwortlich. Dies resultiert in der Regel in Schuldgefühlen.

Wir haben Selbstzweifel definiert und mögliche Ursachen für sie festgestellt. Dadurch sind wir zu dem Schluss gekommen, dass die Ursache für Selbstzweifel in negativen äußeren Erfahrungen liegt. Des Weiteren haben wir zwischen selbst- und nicht selbst verschuldeten negativen Erfahrungen unterschieden. Im Folgenden betrachten wir nun Methoden, um mit möglichen Selbstzweifeln richtig umzugehen.

- **Erkenne deine Selbstzweifel:** Im ersten Schritt ist es wichtig, sich seine Selbstzweifel bewusst zu machen. Wenn du nicht erkennst, dass du ein Problem hast, kannst du es auch nicht lösen. Wir unterdrücken unsere Selbstzweifel häufig oder lenken uns ab, um uns kurzfristig besser zu fühlen. Langfristig führt dies jedoch zu noch größeren Selbstzweifeln. In unserem tiefsten Inneren wissen wir außerdem meistens, dass wir Selbstzweifel haben. Anstatt sie zu unterdrücken, solltest du also auf deine Gedanken und Gefühle achten. Sei aufmerksam, wenn sich deine Gedanken und Emotionen in eine negative Richtung bewegen. Achte vor allem auf Gefühle der Unsicherheit oder selbstkritische Gedanken. Betrachte, ob diese Gedanken und Gefühle in bestimmten Situationen auftreten, zum Beispiel, wenn du vor einer Gruppe von Menschen etwas präsentieren musst oder eine wichtige Aufgabe bevorsteht.
Es kann hilfreich sein, dir deine Zweifel und die damit zusammenhängenden Situationen aufzuschreiben. Bei bloßem Reflektieren, ohne das Erkannte aufzuschreiben, vergessen wir unsere Erkenntnisse häufig schnell wieder.
- **Akzeptiere deine Selbstzweifel und verurteile dich nicht für sie:** Hast du deine Selbstzweifel erkannt, ist es wichtig, dass du dich nicht zusätzlich noch für sie verurteilst. Selbstzweifel zu haben, ist vollkommen in Ordnung und völlig normal. Selbst die erfolgreichsten Menschen – CEOs, Schauspieler, Politiker – zweifeln an sich. Selbstzweifel an und für sich sind nicht das Problem. Es kommt

lediglich darauf an, wie du mit ihnen umgehst. Statt dich für deine Selbstzweifel zu verurteilen, solltest du sie vielmehr akzeptieren.

- **Analysiere mögliche Ursachen für deine Selbstzweifel:** Wenn du an dem Punkt angekommen bist, dass du deine Selbstzweifel akzeptieren kannst, besteht der nächste Schritt darin, dich auf die Suche nach möglichen Ursachen zu machen. Betrachte die Selbstzweifel, die du erkannt hast, im Einzelnen. Wirf einen Blick auf deine Vergangenheit und analysiere, woher sie möglicherweise kommen.

  Dies kann ein schmerzhafter Prozess sein, da er eventuell unterdrückte Kindheits- und Jugenderinnerungen hervorruft. Verschließe dich nicht vor ihnen. Lass die Emotionen, die hochkommen, einfach zu. Fühle sie so, wie sie sind. Verurteile dich nicht für deine Emotionen, sondern akzeptiere sie, ohne sie zu bewerten.

- **Mach dir bewusst, dass du die Vergangenheit nicht ändern kannst:** Du hast die Ursachen für deine Selbstzweifel erkannt und die damit zusammenhängenden Emotionen durchlebt. Dies ist ein wichtiger Prozess, da er dir hilft, mit der Vergangenheit abzuschließen. Du kannst die Vergangenheit nicht ungeschehen machen. Es spielt keine Rolle, ob du die negativen Erfahrungen, die die Ursache für deine Selbstzweifel sind, selbst verschuldet hast oder nicht. Was passiert ist, ist passiert. Lerne daraus und konzentriere dich auf die Gegenwart. Das, was ist und was sein wird, kannst du beeinflussen. Verbringe nicht länger Zeit damit, dich wegen deiner Vergangenheit zu grämen. Stattdessen solltest du dich darauf fokussieren, dein jetziges Leben und das deiner Mitmenschen selbstbestimmt, glücklich und nach eigenen Maßstäben erfolgreich zu gestalten.

- **Vergegenwärtige dir, dass unberechtigte Selbstzweifel dein Leben negativ beeinflussen:** Haben deine Selbstzweifel in irgendeiner Form einen positiven Einfluss auf dein jetziges Leben? Stell dir diese Frage und betrachte, inwiefern deine Selbstzweifel dein Leben beeinflussen. In der Regel wirst du feststellen, dass sie primär einen Effekt haben: Sie sorgen dafür, dass du dich schlecht fühlst und Dinge, die du tun willst oder solltest, nicht tust.

Natürlich gibt es auch berechtigte Selbstzweifel. Wenn du beispielsweise noch nie fünf Kilometer am Stück gelaufen bist, ist es sehr unwahrscheinlich, dass du aus dem Nichts einen Marathon laufen kannst. In diesem Fall sind Selbstzweifel sinnvoll. Wenn es dein (richtiges) Ziel ist, einen Marathon zu laufen, regen sie dich an, darüber nachzudenken, was du tun musst, um den Marathon laufen zu können. Dadurch kannst du einen Plan erstellen und umsetzen, um dein Ziel zu erreichen. Das wäre der richtige Umgang mit berechtigten Selbstzweifeln. Der falsche Umgang wäre, dich von deinen Zweifeln einschüchtern zu lassen und von vornherein davon auszugehen, dass du einen Marathon ohnehin nicht laufen kannst.

Unberechtigte Selbstzweifel haben also keinerlei positiven Effekt auf dein jetziges Leben. Im Gegenteil, sie wirken sich negativ auf dein Denken, Fühlen und Handeln aus. Wozu sind unberechtigte Selbstzweifel dann gut?

- **Nutze den inneren Kritiker:** Du hast dir deine Selbstzweifel und ihre Ursachen bewusst gemacht. Du hast die Emotionen, die in diesem Prozess hochgekommen sind, durchlebt und akzeptiert, weil du die Vergangenheit nicht ungeschehen machen kannst. Du hast erkannt, dass unberechtigte Selbstzweifel dein Leben negativ beeinflussen und deshalb keinen Sinn ergeben.

Werden sich deine Selbstzweifel nun automatisch auflösen? Sie werden zwar weniger werden, jedoch nicht gänzlich verschwinden. Du wirst neue Erfahrungen machen, deshalb besteht auch die Möglichkeit, dass neue Selbstzweifel auftreten werden. Diese kannst du mit dem geschilderten Prozess zwar eindämmen, jedoch nicht gänzlich auflösen. Zweifeln ist menschlich und der innere Kritiker lässt sich nicht gänzlich abschalten. Deshalb ist es wichtig, Selbstzweifel nicht zu bewerten, sondern zu akzeptieren, dass sie Teil des Lebens sind. Dies bedeutet jedoch nicht, dass du dich von ihnen negativ beeinflussen lassen musst. Du solltest sie stattdessen für dich nutzen.

Stell dir folgendes Szenario vor: Du hast die Reise zu deinem wahren

Selbst begonnen und dir ein richtiges Ziel gesetzt. Nun flüstert dir dein innerer Kritiker zu, dass du dieses Ziel niemals erreichen kannst, weil der Weg viel zu mühsam ist, du nicht die nötigen Fähigkeiten hast und ja ohnehin nie etwas zu Ende bringst.

Höre darauf, was dein innerer Kritiker dir sagt. Mach dir bewusst, ob er dir berechtigte Selbstzweifel offenbart oder versucht, dir unbegründete Selbstzweifel einzureden.

Handelt es sich um berechtigte Selbstzweifel, solltest du dir einen Plan machen und diesen umsetzen, um beispielsweise die nötigen Fähigkeiten für dein Ziel zu erlernen. Sind die Selbstzweifel unberechtigt, weil du zum Beispiel bei genauerem Hinsehen ein sehr disziplinierter Mensch bist und schon vieles in deinem Leben zu Ende gebracht hast, kannst du sie getrost ignorieren. Treten sie erneut auf, kannst du dir deine Erkenntnisse in Bezug auf dein Selbst immer wieder vor Augen führen.

In jedem Fall solltest du dir deinen inneren Kritiker zunutze machen. Statt ihn als Feind zu sehen, solltest du ihn als Ratgeber betrachten. Wenn er dich darauf hinweist, dass du tatsächlich noch nicht so weit bist, dein Ziel zu erreichen, solltest du ihm danken. Du kannst nun einen Plan machen und Schritt für Schritt befolgen, um deinem Ziel näherzukommen. Wenn er versucht, dir unberechtigte Selbstzweifel einzureden, kannst du ihm augenzwinkernd zulächeln und sie getrost ignorieren. Dies zeugt von persönlichem Wachstum und bringt dich deinem wahren Selbst einen großen Schritt näher.

- **Tu das, wovor du Angst hast:** Selbstzweifel sind in der Regel mit der Angst verbunden, negative Erfahrungen aus der Vergangenheit zu wiederholen. Dein innerer Kritiker will dich davor schützen, Negatives erneut zu durchleben. Wir haben jedoch gesehen, dass dieser Schutzmechanismus kontraproduktiv ist. Entweder ist die Angst unberechtigt bzw. irrational oder sie ist begründet, hält dich jedoch davon ab, zu wachsen und deinem wahren Selbst näherzukommen. Deshalb solltest du das, wovor du Angst hast, tun.

Dies bedeutet nicht, dass du von einer Klippe springen solltest, weil du dich davor fürchtest. Dies wäre eine begründete Angst, die dich davor schützt, dich selbst umzubringen. Vielmehr solltest du ein (richtiges) Ziel, das du dir aufgrund deiner Selbsterkenntnis gesetzt hast, verfolgen, auch wenn oder gerade weil du Angst davor hast.

Kommen wir auf das Beispiel des Marathons zurück. Wenn du dir einen Plan machst und umsetzt, indem du intelligent und konsequent trainierst, ist die Wahrscheinlichkeit sehr hoch, dass du den Marathon zu Ende laufen wirst. Selbst wenn du es nicht schaffst, aber alles in deiner Macht Stehende dafür tust, wird dein Selbstvertrauen wachsen. Dadurch werden deine Selbstzweifel weniger werden. Wenn du dir ein neues Ziel setzt, weißt du, dass du etwas, wofür du dich wirklich einsetzt, schaffen kannst. Je öfter du diesen Prozess durchläufst, desto mehr wird dein Selbstvertrauen wachsen und desto weniger werden deine Selbstzweifel.

- **Kombiniere rationale Argumente gegen Selbstzweifel mit mutigem Handeln:** Wir haben hergeleitet, warum unbegründete Selbstzweifel keinen Sinn ergeben und wie man berechtigte Selbstzweifel nutzen kann. Des Weiteren haben wir betrachtet, dass Handeln trotz oder gerade wegen Angst das Selbstvertrauen stärkt. Der beste Weg, um mit Selbstzweifeln richtig umzugehen, ist deshalb, diese beiden Methoden zu kombinieren.

Wenn Selbstzweifel auftreten, solltest du dir demnach die rationale Argumentation zum Umgang mit ihnen vor Augen führen und gleichzeitig trotz deiner Angst handeln. Dadurch kannst du deine Selbstzweifel eindämmen und kommst deinem wahren Selbst einen großen Schritt näher. Mut definiert sich nicht durch die Abwesenheit von Angst, sondern dadurch, dass du trotz deiner Angst handelst.

Der richtige Umgang mit negativen Gedanken und Emotionen: Mach dir schädliche Glaubenssätze bewusst und löse negative Verhaltensmuster auf.

Gedanken und Emotionen sind untrennbar miteinander verknüpft. Negative Gedanken können unangenehme Emotionen hervorrufen. Genauso können negative Emotionen unerwünschte Gedanken verursachen.

Denkmuster sind die regelmäßige Reaktion auf eine Situation in Form eines Gedankengangs. Regelmäßig wiederkehrende, situationsbezogene Gedanken und Emotionen, die ein bestimmtes Handeln zur Folge haben, sind demnach Verhaltensmuster. Im Folgenden unterscheiden wir negative Gedanken und Emotionen deshalb nicht voneinander, sondern sprechen von negativen Verhaltensmustern.

Negative Verhaltensmuster werden, wie auch Selbstzweifel, durch erlerntes Verhalten als Reaktion auf negative Erfahrungen verursacht. Möglicherweise erfährt ein Kind nur Zuneigung, wenn es sich einer Autorität wie den Eltern unterwirft. Im späteren Leben wird es ebenfalls dazu neigen, sich Autoritäten zu unterwerfen, auch wenn dies für das eigene Selbst schädlich ist und negative Gedanken und Emotionen wie Wertlosigkeit zur Folge hat. Die Unterwerfung ist demnach ein erlerntes negatives Verhaltensmuster.

Verhaltensmuster basieren auf Glaubenssätzen. In dem genannten Beispiel wäre der Glaubenssatz, dass Zuneigung von anderen Menschen nur durch Unterwerfung möglich ist.

Prinzipiell ist das Vorgehen, um negative Glaubenssätze und Verhaltensmuster aufzulösen, analog zum richtigen Umgang mit Selbstzweifeln. Wir werden deshalb auf die einzelnen Schritte an dieser Stelle nicht nochmals im Detail eingehen, sondern sie nur stichpunktartig erwähnen:

- Erkenne deine negativen Glaubenssätze und Verhaltensmuster
- Akzeptiere deine negativen Glaubenssätze und Verhaltensmuster und verurteile dich nicht für sie
- Analysiere mögliche Ursachen für deine negativen Glaubenssätze und Verhaltensmuster

- Mach dir bewusst, dass du die Vergangenheit nicht ändern kannst
- Vergegenwärtige dir, dass negative Glaubenssätze und Verhaltensmuster dein Leben negativ beeinflussen
- Nutze deine negativen Gedanken und Emotionen
- Tu das, wovor du Angst hast, und brich deine negativen Glaubenssätze und Verhaltensmuster auf
- Kombiniere rationale Argumente gegen negative Glaubenssätze und Verhaltensmuster mit mutigem Handeln, steigere dein Selbstvertrauen und wandle sie in Positive um

Dieser Prozess ist erfolgserprobt und verspricht langfristig sehr gute Ergebnisse. Allerdings ist er sehr zeitintensiv. Außerdem kann es im Alltag passieren, dass wir plötzlich mit einem Schwall an negativen Gedanken und Emotionen überflutet werden. Möglicherweise sind wir überfordert und schaffen es trotz bester Absichten nicht, unser Denken, Fühlen und Handeln bewusst zu halten. In solch einem Fall benötigen wir zusätzlich Lösungen, um mit spontan auftretenden negativen Gedanken und Emotionen fertig zu werden und auf den Weg des wahren Selbst zurückzukehren. Im Folgenden findest du deshalb einige Methoden und Glaubenssätze, die du dir vor Augen führen kannst, wenn deine negativen Gedanken und Emotionen überhandnehmen.

- **Negative Gedanken und Emotionen können so schnell verschwinden, wie sie auftauchen:** Mach dir bewusst, dass negative Gedanken und Emotionen so schnell verschwinden, wie sie auftauchen. Was dir heute noch wie die größte Tragödie der Welt vorkommt, kann morgen schon wieder halb so wild sein.
- **Gedanken und Emotionen sind weder negativ noch positiv:** Gedanken und Emotionen sind prinzipiell neutral. Erst deine Interpretation macht sie positiv oder negativ. Nicht deine Gedanken und Emotionen sind demnach das Problem, sondern wie du sie interpretierst. Wenn du merkst, dass du gedanklich und emotional überwältigt bist, solltest du dir deshalb eine Auszeit gönnen, statt dich

noch tiefer in den negativen Strudel ziehen zu lassen. Geh spazieren, mach Sport, triff dich mit Freunden oder tu etwas, das dir Spaß macht. Diese kleinen Auszeiten bewirken häufig Wunder, und du wirst das, was deine negativen Gedanken und Emotionen auslöst, mit etwas Abstand neu bewerten können.

- **Durchlebe deine Emotionen:** Mach jedoch nicht den Fehler, deine negativen Gedanken und Emotionen zu ignorieren, wenn sie wiederholt auftreten. Dies ist kontraproduktiv und sorgt nur dafür, dass sie sich noch verstärken. Mach sie dir stattdessen bewusst und durchlebe sie. Wenn du dich in einer Situation befindest, in der du das nicht tun kannst, solltest du dir später Zeit dafür nehmen, zum Beispiel wenn du allein zu Hause bist. Deine negativen Gedanken und Emotionen zu durchleben, bedeutet nicht, dass du dich ihnen grenzenlos hingeben solltest. Dies hat ebenfalls zur Folge, dass sie sich verstärken und nur noch um das Negative kreisen. Du solltest deine negativen Gedanken und Emotionen demnach nur in dem Ausmaß durchleben, dass du mit ihnen abschließen kannst.
- **Schreibe deine negativen Gedanken und Emotionen auf:** Allein das Aufschreiben sorgt häufig dafür, dass du dich besser fühlst. Es ist, als würdest du dir etwas von der Seele schreiben. Im nächsten Schritt kannst du betrachten, was die Auslöser für dein negatives Empfinden gewesen sein könnten. Häufig erkennst du, dass die Gründe nur halb so wild sind. Sind sie doch nicht so trivial, kannst du dir überlegen, wie du in Zukunft besser mit ihnen umgehst. Statt zu schreiben, kannst du auch mit Freunden über deine negativen Gedanken und Emotionen sprechen. Dies hat einen ähnlichen Effekt.
- **Nicht deine Gedanken und Emotionen definieren, wer du bist, sondern wie du darauf reagierst:** Mach dir bewusst, dass deine negativen Gedanken und Emotionen nicht definieren, wer du bist, sondern deine Reaktion darauf. Wie wir gesehen haben, liegt die Freiheit zu entscheiden, wie du auf sie reagierst, bei dir.
- **Betrachte deine negativen Gedanken und Emotionen als Möglichkeit für persönliches Wachstum:** Negative Gedanken und

Emotionen weisen dich in der Regel auf etwas Bestimmtes hin. Möglicherweise wirst du über einen längeren Zeitraum von einem negativen Empfinden geplagt. Dies kann ein Hinweis darauf sein, dass du etwas ändern solltest, das in deinem Inneren oder im Außen liegt. Wenn du beispielsweise eine Änderung an einem deiner Glaubenssätze vornimmst, wirkt sich dies positiv auf dein Erleben und Verhalten aus. Möglicherweise hast du einen Job, der dich unglücklich macht oder befindest dich in einer toxischen Beziehung. Wenn du sie beendest, hat dies ebenfalls einen positiven Effekt auf dein Denken und Fühlen. In jedem Fall ist eine solche Veränderung häufig nicht einfach. Wenn du sie erfolgreich umsetzt, zeugt dies von persönlichem Wachstum, steigert dein Selbstvertrauen und bringt dich deinem wahren Selbst einen großen Schritt näher.

Der richtige Umgang mit Prokrastination: Du kannst die Welt nicht an einem Tag ändern.

Prokrastination bedeutet, dass Aufgaben unnötig aufgeschoben, unterbrochen oder gar nicht erst begonnen werden, obwohl dies aufgrund vorhandener Gelegenheiten und Fähigkeiten möglich wäre. Es kann sich hierbei um eine pathologische Störung handeln, allerdings erwischen wir uns alle hin und wieder dabei, dass wir wichtige Aufgaben nicht erledigen, obwohl wir es sollten.

Wir sind bereits ausführlich darauf eingegangen, wie man sich die richtigen Ziele setzt. Dies ist in den meisten Fällen der wichtigste Schritt, um Prokrastination zu vermeiden. Allerdings kann es vorkommen, dass es uns auch auf dem Weg zu einem richtigen Ziel hin und wieder schwerfällt, am Ball zu bleiben. Die Gründe dafür können stagnierende Motivation, eine unrealistische Erwartungshaltung, Erschöpfung oder falsches Zeitmanagement sein. Im Folgenden betrachten wir deshalb einige Methoden, die du nutzen kannst, wenn du zu prokrastinieren drohst.

- **Setze dir realistische Ziele:** Wenn du dir zu hohe oder unrealistische Ziele setzt, vergrößerst du deinen Druck nur unnötig. Ein gewisser Druck ist wichtig, um Ziele zu erreichen. Ist er zu groß, führt er jedoch zu negativem Stress und Überforderung. Dies hat zur Folge, dass du im schlimmsten Fall auf halbem Weg aufgibst. Es ist besser, dir realistische Ziele zu setzen und diese zu erreichen, als aufzugeben, weil deine Ziele zu anspruchsvoll sind.
- **Brich dein Ziel in Etappen herunter:** Statt ständig nur dein Endziel im Auge zu haben, solltest du es in kleine Etappenziele herunterbrechen. Dadurch kommt dir dein Endziel nicht mehr so groß und beängstigend vor. Außerdem hast du kontinuierlich kleine Erfolgserlebnisse, wenn du deine Etappenziele erreichst.
- **Gewöhne dir Routinen an:** Der Mensch ist ein Gewohnheitstier. Deshalb solltest du dir in Bezug auf deine Ziele gute Gewohnheiten aneignen. Möglicherweise bist du morgens besonders motiviert. Dann empfiehlt es sich, direkt nach dem Aufstehen als allererstes an deinem Ziel zu arbeiten. Hast du am späteren Abend ein hohes Energielevel, solltest du die Abendstunden nutzen. Gewöhne dir an, immer zu den gleichen oder ähnlichen Zeiten an deinem Ziel zu arbeiten. Suche dir einen oder mehrere Orte aus, an denen du dich wohlfühlst, und arbeite dort. Dabei kann es sich um dein Arbeitszimmer, die Hochschule oder ein Café handeln. Wähle einige Playlisten aus und gewöhne dir an, sie zu hören, während du arbeitest. All diese kleinen Gewohnheiten sorgen dafür, dass du automatisch viel motivierter bist, auf dein Ziel hinzuarbeiten. Damit programmierst du dein Gehirn, sich auf Produktivität einzustellen. Nach einer Weile wirst du merken, dass es dir viel leichter fällt, zu einer bestimmten Uhrzeit, bei einer gewissen Playlist oder an einem bestimmten Ort produktiv zu sein.
- **Teile deine Zeit richtig ein:** Das richtige Zeitmanagement hilft dir dabei, deine Ziele nicht nur effizienter zu erreichen, sondern dabei auch entspannt zu bleiben. Neben deinem Ziel hast du vermutlich noch viele weitere Dinge, die dir wichtig sind, wie deine Beziehung,

Freunde, Sport, Hobbies oder Zeit zur Entspannung. Deshalb ist es wichtig, all diese Dinge einzuplanen und deine Zeit richtig einzuteilen. Du kannst beispielsweise einen Wochen- oder Monatsplan erstellen, sodass du für alles genügend Zeit hast. Es empfiehlt sich, solch einen Plan so einfach wie möglich zu halten. Je komplexer ein Plan ist, desto schwieriger ist es, ihn zu befolgen.

- **Du kannst die Welt nicht an einem Tag ändern:** Es ist besser, langsam, aber stetig als gar nicht voranzuschreiten. Wenn du voller Energie und Motivation bist, nutze sie. Bist du weniger motiviert, tu das, was du tun kannst. Wenn du einen Monat lang jeden Tag nur eine einzige Sache für dein Ziel unternimmst, kommst du diesem näher, als wenn du gar nichts tust. Selbst wenn du täglich nur 30 Minuten investierst, sind es am Ende des Monats 15 Stunden. Umgerechnet auf ein Jahr ergibt das ca. 183 Stunden. Dies ist das Äquivalent dazu, sieben Tage am Stück pausenlos ohne Schlaf zu arbeiten.
- **Mach dir keine Vorwürfe, wenn du eine Pause brauchst:** Wenn du das Gefühl hast, überfordert zu sein, ist das absolut keine Schande. Es zeugt von persönlicher Reife, sich dies einzugestehen. Es ist besser, eine Pause zu machen, wenn du überfordert bist, als pausenlos weiterzumachen. Es ist egal, ob du dich einen Tag, eine Woche oder einen Monat erholen musst. Wenn du danach weitermachst, kommst du deinem Ziel näher, als wenn du ausbrennst und jahrelang gar nichts mehr tun kannst.
- **Mach dich nicht zu sehr von der Zielerreichung abhängig:** Ob du dein Ziel am Ende erreichst oder nicht, kannst du häufig nicht direkt beeinflussen. Vor allem bei großen Zielen spielen viele äußere Faktoren eine Rolle, die sich deinem Einfluss entziehen. Deshalb solltest du dich nicht allzu sehr von der Zielerreichung abhängig machen. Stattdessen solltest du dich darauf konzentrieren, die Dinge zu tun, die zur Erreichung deines Ziels nötig sind und sich in deinem direkten Einflussbereich befinden.

- **Formuliere deine Ziele SMART (spezifisch, messbar, attraktiv, realistisch, terminiert):** Ohne ein konkretes Ziel, das du zu einem bestimmten Zeitpunkt erreichen willst und das dich motiviert, wird es dir viel schwerer fallen, darauf hinzuarbeiten. Person A setzt sich das Ziel, reich zu werden. Person B, eine talentierte und leidenschaftliche Designerin, die in den letzten 3 Jahren ihre eigene Modekollektion entworfen hat, setzt sich das Ziel, durch deren Verkauf in fünf Jahren 100.000 EUR zu verdienen. Wer glaubst du, wird eher auf sein Ziel hinarbeiten und es erreichen?
- **Belohne dich:** Wenn du etwas erledigt hast, das dich deinem Ziel näherbringt, kannst du dich mit etwas belohnen, das dir Spaß macht. Dadurch bist du motivierter, auch die nächste Aufgabe anzupacken, weil du weißt, dass danach ebenfalls wieder eine Belohnung auf dich wartet.
- **Mach dir die positiven und negativen Folgen bewusst:** Führe dir vor Augen, was passiert, wenn du konsequent auf dein Ziel hinarbeitest. Stell dir vor, was passiert, wenn du es erreichst oder zumindest alles dafür tust. Wie fühlt es sich an? Welche positiven Auswirkungen hat es auf dein Leben? Bist du stolz auf dich? Wächst dein Selbstvertrauen? Stell dir nun vor, welche Folgen es hat und wie es sich anfühlt, wenn du nicht auf dein Ziel hinarbeitest.

Dies sind praktische Methoden, um mit Selbstzweifeln, negativen Gedanken und Emotionen sowie Prokrastination besser umzugehen. Sie sollen dir dabei helfen, auf dem richtigen Pfad zu bleiben, wenn es schwer wird. Die Grundlage sollten jedoch stets die sieben Schritte des Weges des wahren Selbst in Kombination mit den fünf Pfeilern des Selbst sein. Die hier beschriebenen Methoden sind lediglich eine Ergänzung dazu.

Erkenntnisse für dein Leben

In diesem Kapitel fassen wir die wichtigsten Erkenntnisse dieses Buches nochmals kompakt zusammen:

- **Du leidest, weil du nicht weißt, wer du wirklich bist und was du willst:**
Weil du nicht weißt, wer du wirklich bist, weißt du auch nicht, was du willst. Deshalb irrst du umher und tust Dinge, die dich nicht oder nur teilweise erfüllen. Die Suche nach Lösungen im Außen wie Ablenkung oder Konsum ist nicht zielführend, da sie dir nicht hilft, zu erkennen, wer du wirklich bist und was du willst. Du denkst, fühlst und handelst großteils unbewusst. Diese unbewusste Lebensweise führt zu Unruhe, Stress, Unzufriedenheit und unnötigen Irrwegen. Dies zu erkennen ist der erste Schritt für die Suche nach mehr Selbsterkenntnis.
- **Selbsterkenntnis stellt eine Lösung für dein Leiden dar:**
Selbsterkenntnis führt zu bewusstem Denken, Fühlen und Handeln und ist die Lösung für deine durch ein unbewusstes Leben verursachten Probleme. Sie trägt dazu bei, dass du dich selbst und das Leben besser verstehst. Dadurch findest du heraus, wer du bist und was du wirklich willst. Indem du Selbsterkenntnis als Lösung akzeptierst, öffnest du dich dem Weg des wahren Selbst, der zu einem bewussten und erfüllten Leben führt.
- **Es liegt in deiner Macht, dich für ein selbstbestimmtes, glückliches und erfolgreiches Leben zu entscheiden:**
Du hast die Freiheit zu entscheiden, wie du auf deine internen Impulse reagierst, die durch externe Reize ausgelöst werden. Somit liegt es auch in deiner Macht, dich zu entscheiden, den Weg des wahren Selbst zu gehen. Du bist es, der die Verantwortung für ein erfülltes Leben trägt.

- **Der Weg des wahren Selbst hilft dir, zu erkennen, wer du wirklich bist und was du willst:**
  Der Weg des wahren Selbst besteht aus sieben Schritten. Zuerst sammelst du Erfahrungen. Du nimmst dir die Zeit, diese bewusst zu verarbeiten. Hierzu kannst du die bewusst und unterbewusst sowie die nicht interpretierende Beobachtung nutzen. Dadurch näherst du dich deinem wahren Selbst an. Dein Selbst besteht aus deinen Persönlichkeitseigenschaften, Talenten, Werten, deiner inneren Haltung und deinen Bedürfnissen bzw. deiner subjektiven Sichtweise darauf. Auf dein Selbst wirken externe Reize ein, die interne Impulse in Form von Gedanken und Emotionen auslösen. Dein wahres Selbst kennzeichnet sich durch die bewusste Reaktion auf diese internen Impulse. Du denkst, fühlst und handelst bewusst. Dadurch näherst du dich deinem wahren Selbst fortwährend an und erkennst deine tiefste Wahrheit, bei der es sich um deinen Lebenssinn handelt. Aus deiner tiefsten Wahrheit leitest du deine Vision ab. Du formulierst deinen Lebenssinn auf inspirierende und motivierende Art und Weise. Von deiner Vision leitest du konkrete Ziele ab. Dadurch kommst du ins Handeln. Deine Vision dient dir als lebenslanger Ankerpunkt und sorgt dafür, dass du dich deinem wahren Selbst fortwährend annäherst. Es geht nicht darum, deine Vision gänzlich zu erreichen, sondern den Weg des wahren Selbst kontinuierlich zu gehen. Durch bewusstes Denken, Fühlen und Handeln findest du Erfüllung.
- **Die fünf Pfeiler des wahren Selbst helfen dir, alle wichtigen Lebensbereiche für ein erfülltes Leben zu berücksichtigen:**
  Es gibt bestimmte Lebensbereiche, die für ein selbstbestimmtes, glückliches und erfolgreichen Leben wichtig sind. Dies sind die fünf Pfeiler des wahren Selbst: Leistung und Entspannung, Beziehungen, Gesundheit, Spiritualität und materielle Sicherheit. Je nachdem, an welchem Teil deiner Reise du dich befindest, kann es sinnvoll sein, einzelne Pfeiler zu priorisieren. Inwiefern du welche Pfeiler priorisiert, machst du von deinem wahren Selbst abhängig.

Langfristig ist es jedoch wichtig, dafür zu sorgen, dass sich alle Pfeiler im Ausgleich befinden und gleichermaßen weiterentwickeln. Dadurch wächst dein gesamtes Selbst.

- **Der Weg des wahren Selbst und die fünf Pfeiler des Selbst öffnen dir die Tür zu einem erfüllten Leben:**
Kombinierst du die sieben Schritte des Weges des wahren Selbst mit den fünf Pfeilern des Selbst, öffnet sich dir die Tür für ein selbstbestimmtes, glückliches und nach eigenen Maßstäben erfolgreiches Leben. Es gibt verschiedene Anzeichen dafür, dass du dich auf dem richtigen Weg befindest. Du bist zufriedener, erfüllter und hast das Gefühl, eine Aufgabe zu haben. Probleme kommen dir nicht länger als solche vor. Sie werden ganz einfach zu Meilensteinen deines Weges. Du lernst, Dinge, die dir einst wie Tragödien erschienen sind, zu akzeptieren. Die richtigen Dinge passieren dir zur richtigen Zeit, während du die falschen Dinge umgehst. Dein Selbstvertrauen wächst und du hast das Gefühl, dass dich nichts von deinem Weg abbringen kann. Deine Ängste und Sorgen treten in den Hintergrund und machen einem Gefühl der Gelassenheit und Zuversicht Platz. Du hast nicht länger den Eindruck, dass du deinen Gedanken und Emotionen hilflos ausgeliefert bist. Vielmehr bist du es, der die Entscheidungen bewusst trifft. Du bist Teil von etwas Größerem, das du zwar nicht vollständig verstehst, von dem du jedoch weißt, dass es richtig ist.

Selbstbestimmung, Glück, Erfolg

Jeder Mensch strebt prinzipiell nach Glück. Was Glück für den Einzelnen bedeutet, kann höchst individuell sein. Es gibt jedoch Bereiche, die für jeden Menschen in Bezug auf ein glückliches Leben wichtig sind. Beispiele sind unterstützende soziale Beziehungen oder ein gewisses Maß an materieller Sicherheit.

Was Selbstbestimmung, Glück und Erfolg für dich bedeuten, solltest du in Abhängigkeit von deinem wahren Selbst definieren. Es ist wichtig, dass du dich dabei nicht zu sehr von externen Faktoren beeinflussen lässt. Selbsterkenntnis und das daraus resultierende bewusste Denken, Fühlen und Handeln sollten dir als Maßstab dienen.

Du musst dir bewusst sein, dass nichts, was du erreichst, dich jemals vollständig zufrieden machen wird. Das dauerhafte Streben nach (externen) Erfolgen kann nur Leid zur Folge haben. Das bedeutet nicht, dass du nicht versuchen solltest, deine Vision zu verwirklichen und deine Ziele zu erreichen. Im Gegenteil, dies ist ein essenzieller Bestandteil eines selbstbestimmten, glücklichen und erfolgreichen Lebens.

Du solltest lediglich deine Zufriedenheit nicht vom Erreichen deiner Ziele abhängig machen. Vielmehr steht der Weg im Vordergrund, den du für die Realisierung deiner Vision und das Erreichen deiner Ziele gehst - der Weg des wahren Selbst. Allein durch das Beschreiten dieses Weges wirst du durch bewusstes Denken, Fühlen und Handeln Erfüllung finden. Die Entscheidung, ob du diesen Weg gehst, liegt bei dir. Damit bist du es, der die Verantwortung für ein selbstbestimmtes, glückliches und nach eigenen Maßstäben erfolgreiches Leben trägt.

Eine Bitte an Dich

Das Erstlingswerk ist immer etwas Besonderes. Deshalb möchte ich danke sagen, lieber Leser. Ich hoffe, dieses Buch hat dir einige Antworten geliefert, aber gleichzeitig auch neue Fragen aufgeworfen und die Flamme der Neugierde in dir entfacht. Wenn dir *Erwache! Die Kunst, du selbst zu sein* gefallen hat, würde ich mich sehr über eine kurze Bewertung auf Amazon freuen. So kannst du dein ehrliches Feedback mit mir teilen und erleichterst anderen Lesern dadurch die Kaufentscheidung.

Wenn du an Updates zu neuen Veröffentlichungen und regelmäßigem Content zu positiver Psychologie und Selbstfindung interessiert bist, kannst du mir außerdem gerne auf Instagram folgen: @michael.hascher.

Dank

Ein besonderer Dank gilt meiner Familie. Sie lehrte mich die nötige Disziplin, um dieses Buch fertigzuschreiben. Meiner Freundin Lillias bin ich ebenfalls zu Dank verpflichtet. Sie ist stets für mich da und lässt die Stimme des Zweifels verstummen, wenn sie in den dunklen Stunden der Nacht zu flüstern beginnt. Auch bei Lugge möchte ich mich bedanken. Er hat mir gezeigt, dass man es selbst aus dem tiefsten Tal wieder nach oben schaffen kann, wenn man seine Hoffnung bewahrt. Ein großer Dank gilt außerdem den ersten Testlesern Basti, Eric, Dennis und Alex, deren konstruktives Feedback enorm wertvoll war. Zuletzt möchte ich mich bei Thomas, Lisa und Deniz von Sinaveria bedanken, die mich während des gesamten Veröffentlichungsprozesses äußerst kompetent unterstützt haben. Es ist schwierig, alle Personen namentlich zu nennen, die mir wissentlich oder unwissentlich auf die ein oder andere Weise beim Schreiben dieses Buchs geholfen haben. Doch seid versichert, auch euch gilt mein Dank.

Quellen

Adam, B.: Quarterlife Crisis. Jung, erfolgreich, orientierungslos. Heinrich Hugendubel Verlag, 2003.

Adnès, P.: Visions, in: Dictionnaire de spiritualité, Bd. 16, Beauchesne, 1994.

Aesop: Fabeln: Griechisch/Deutsch, Reclam, 2005.

Ajzen, I.: Nature and operation of attitudes, In: Annual Review of Psychology. 52, 2001.

Angel, H.-F.: „Von der Frage nach dem Religiösen" zur „Frage nach der biologischen Basis menschlicher Religiosität", In: Christlich-pädagogische Blätter. Nr. 115, 2002.

Bartens, W.: Studie zur Midlife-Crisis - Tristesse ohne Entrinnen, abgerufen von https://www.sueddeutsche.de/wissen/studie-zur-midlife-crisis-tristesse-ohne-entrinnen-1.278687.

Bertino, A. C., Poljakova, E., Rupschus, A., Alberts, B., Stegmaier, W.:: Zur Philosophie der Orientierung.

Bucay, J.:, Komm, ich erzähl dir eine Geschichte, aus dem Spanischen von Stephanie von Harrach, Amann, 2005.

Bundeszentrale für politische Bildung: Scheidungen, abgerufen von https://www.bpb.de/kurz-knapp/zahlen-und-fakten/europa/70518/scheidungen/

Bushman, B.-B. and Holt-Lunstad, J.: Understanding social relationship maintenance among friends Why we don't end those frustrating friendships, Journal of Social and Clinical Psychology, 28(6), 2009.

Csikszentmihalyi, M. (1990): Flow: The Psychology of Optimal Experience, Harper and Row, 1990.

Covey, S. R.: Die 7 Wege zur Effektivität - Prinzipien für persönlichen und beruflichen Erfolg, Gabal, 2018.

DAK-Gesundheit: Psychreport 2021 - Entwicklung der psychischen Erkrankungen im Job: 2010-2020, abgerufen von https://www.dak.de/dak/download/report-2429408.pdf.

David, M.: The Correspondence Theory of Truth, In: Edward N. Zalta (Hrsg.): Stanford Encyclopedia of Philosophy.

Deida, D.: Der Weg des wahren Mannes, Kamphausen, 2012.

Die Zeit: Selbstzweifel: Man wird nicht versehentlich zum Hochstapler | ZEIT Campus. In: Die Zeit. 11. Juni 2014, abgerufen von zeit.de.

Eggert, W.: Einnahmen, abgerufen von https://wirtschaftslexikon.gabler.de/definition/einnahmen-36254.

Dennerlein, B.: Ausgaben, abgerufen von https://wirtschaftslexikon.gabler.de/definition/ausgaben-31469#:~:text=Eine%20Ausgabe%20liegt%20also%20beim,%3A%20Auszahlung%2C%20Aufwendungen%2C%20Kosten.

Drucker, P. F.: People and Performance: The Best of Peter Drucker on Management, Harper's College Press, 1977.

Duden: Bedürfnis, abgerufen von https://www.duden.de/rechtschreibung/Beduerfnis.

Epiktet: Handbüchlein der Moral, Reclam, 2008.

Focus: Woran Partnerschaften heute scheitern - Die zehn größten Beziehungskiller, abgerfuen von https://www.focus.de/gesundheit/gesundleben/partnerschaft/woran-partnerschaften-scheitern-die-zehn-groessten-beziehungskiller_id_3041427.html.

Fontane, T.: FONTANE to go: Heitere Worte von Theodor Fontane, Eulenspiegel, 2019.

Frankl, V. E.: ... trotzdem Ja zum Leben sagen: ein Psychologe erlebt das Konzentrationslager, Penguin, 2018.

Frhr. von Weizsäcker, R. K.: Vermögen, abgerfuen von https://wirtschaftslexikon.gabler.de/definition/vermoegen-48233#:~:text=Summe%20der%20einer%20Person%20zustehenden,Abzug%20der%20Schulden%20und%20Verpflichtungen.

Fromm, E.: Haben oder Sein: Die seelischen Grundlagen einer neuen Gesellschaft, dtv, 2005.

Galilei, G.: Zitat, abgerufen von https://www.aphorismen.de/zitat/27424.

Gerrig, R. J., Zimbardo, P. G.: Psychologie, 18., aktualisierte Auflage, 2008.

Gruen, A.: Der Verrat am Selbst, dtv, 1992.

Gruen, A.: Der Wahnsinn der Normalität. Realismus als Krankheit: eine Theorie der menschlichen Destruktivität, dtv, 1992.

Gruen, A.: Wider die kalte Vernunft, Klett-Cotta, 2016.

Harmsen, R. C.: Spiritualität in Deutschland: Was die Zahlen verraten, Evangelischer Presseverband für Bayern e.V., 2018.

Hermann, U.: Knaurs etymologisches Lexikon, 1983.

Hesse, H.: Stufen, abgerufen von https://hhesse.de/gedichte/stufen/.

Hörmann, H.: Meinen und Verstehen. Grundzüge einer psychologischen Semantik. Suhrkamp, 1976.

Housel, M.: Über die Psychologie des Geldes: Zeitlose Lektionen über Reichtum, Gier und Glück, FBV, 2021.

Joubert, J.: Zitat, abgerufen von https://www.aphorismen.de/zitat/16669.

Kathryn, W.: "Fannie Hurst", in: Wintz, Cary D. (ed.). Encyclopedia of the Harlem Renaissance. Vol. 1: A-J. Finkelman, Paul. New York and Abingdon: Routledge, 2010.

Kierkegaard, S.: Zitat, abgerufen von https://www.zitat-des-tages.de/autoren/soren-kierkegaard?interval=year.

Kiyosaki, R. T.: Rich Dad Poor Dad: Was die Reichen ihren Kindern über Geld beibringen, FBV, 2014.

Klaus, G., Buhr, M. (Hrsg.): "Wahrheit", "Philosophie" - Marxistisch-leninistisches Wörterbuch der Philosophie, ungekürzte Ausgabe; Titel der Originalausgabe: Philosophisches Wörterbuch, Rowohlt Verlag, 1972.

Kluge, F., Götze, A.: Etymologisches Wörterbuch der deutschen Sprache, Hrsg. von Walther Mitzka, De Gruyter, 1967.

Lyons, J.: Semantik. Band I. Beck, 1980.

Lück, H. E.: (Hrsg.): Geschichte der Psychologie. Ein Handbuch in Schlüsselbegriffen. Urban und Schwarzenberg, 1984.

Marshall, F.: Martin Luther King Jr.: A Life, Penguin, 2002.

Neyer, F. J., Asendorpf, J. B.: Psychologie der Persönlichkeit, 6. Auflage, Springer, 2018.

Ojibwa (Eigenbezeichnung der Anishinabe), nordamerikanischer Indianerstamm aus der Gruppe der Algonkin: Zitat, abgerufen von https://www.aphorismen.de/zitat/25796.

Oswald, A.: Researchers Find That Middle-Aged Misery Spans the Globe, abgerufen von https://warwick.ac.uk/newsandevents/pressreleases/researchers_find_that/.

Petzold, H.: Identität: Ein Kernthema moderner Psychotherapie (Integrative Modelle in Psychotherapie, Supervision und Beratung), VS Verlag, 2012.

Piegsa, O; Seifert, L.: Selbstzweifel: Was kann ich wirklich? | ZEIT Campus. In: Die Zeit. 11. Juni 2014, abgerufen von zeit.de.

Pollmann, A.: Integrität: Aufnahme einer sozialphilosophischen Personalie, Transcript, 2005.

Reiner, H.: Gut, das Gute, das Gut. in: Historisches Wörterbuch der Philosophie, Band 3, 1974.

Rosenbaum, D. A. et al.: Pre-Crastination: Hastening Subgoal Completion at the Expense of Extra Physical Effort. In: Psychological Science. Band 25, Nr. 7, S. 1487–1496, 2014.

Schäfer, A.: Immer alles sofort. In: Psychologie Heute. Nr. 12, S. 34–37, 2018.

Schipperges, H.: Gesundheit, in: Werner E. Gerabek, Bernhard D. Haage, Gundolf Keil, Wolfgang Wegner (Hrsg.): Enzyklopädie Medizingeschichte, De Gruyter, 2005.

Shaw, G. B.: Zitat, abgerufen von https://zitatezumnachdenken.com/george-bernard-shaw/2528.

Smith, E. R., Mackie, D. M.: Social Psychology, 2. Auflage, Psychology Press, 2000.

Spektrum.de: Selbstzweifel - Lexikon der Psychologie.

Statista: Scheidungsquote in Deutschland von 1960 bis 2022, abgerufen von https://de.statista.com/statistik/daten/studie/76211/umfrage/scheidungsquote-von-1960-bis-2008/.

Stern: Zehn unterschätzte Faktoren für eine glückliche Beziehung, abgerufen von https://www.stern.de/familie/beziehung/liebe--das-sind-die-zehn-wichtigsten-faktoren-fuer-eine-tolle-beziehung-30478012.html.

Stern: Gefühle machen Gedanken, abgerufen von https://www.stern.de/gesundheit/neurobiologie-gefuehle-machen-gedanken-3119020.html.

Stolzenberg, J. (Hrsg.): Kant in der Gegenwart, De Gruyter, 2007.

Strauss, N.: Die perfekte Masche. Bekenntnisse eines Aufreißers, Ullstein, 2006.

Traxler, T.: Größte Langzeituntersuchung: Jahrzehntelange Studie enthüllt, was uns wirklich glücklich macht., abgerufen von: https://www.

derstandard.at/story/2000142991328/jahrzehntelange-studie-enthuellt-was-uns-wirklich-gluecklich-macht.

Triandis, H. C.: Einstellungen und Einstellungsänderungen, Beltz, 1975.

Uchino, B.N., Holt-Lunstad, J., Smith, T.W. and Bloor, L.: Heterogeneity in social networks: A comparison of different models linking relationships to psychological outcomes, Journal of Social and Clinical Psychology, 23(2), 2004.

Wernhart, K. R.: Ethnische Religionen – Universale Elemente des Religiösen, Topos, Kevelaer, 2004.

WHO, Definition Gesundheit, abgerufen von https://leitbegriffe.bzga.de/alphabetisches-verzeichnis/gesundheit/.

Dieses Buch wurde in Übereinstimmung mit den GPSR-Richtlinien der EU zur Sicherheit von Produkten erstellt.

Die Verordnung über die allgemeine Produktsicherheit ist der aktualisierte Rahmen der Europäischen Union, um sicherzustellen, dass alle Verbraucherprodukte, einschließlich Bücher, für Verbraucher sicher sind.

Dieses Buch wurde von Libri Plureos GmbH gedruckt. Der Drucker hat Sicherheitszertifikate für die verwendeten Materialien wie Tinte, Papier und Kleber ausgestellt.

Die Produktkennung ist: 9783982663302

Der Autor ist für den Inhalt des Buches verantwortlich, ist Herausgeber der Werke und trägt die volle Verantwortung dafür.

Das Buch wurde über Bookmundo produziert. Bookmundo ermöglicht es jedem Autor, seine Geschichten über gedruckte Bücher und E-Books und ein breites Vertriebsnetz mit dem Rest der Welt zu teilen.

Bookmundo fungiert als Vermittler bei Sicherheitsfragen und richtet diese an den Drucker/Autor. Sollten Sie Fragen zur Sicherheit des Produkts haben, kontaktieren Sie uns bitte.

Bookmundo
Delftsestraat 33
3013AE Rotterdam
Die Niederlande
info@bookmundo.com